小倉純二

「平成日本サッカー」秘史

熱狂と歓喜はこうして生まれた

講談社＋α《プラスアルファ》新書

まえがき――平成とサッカー

世界最大のスポーツの祭典、ワールドカップ（W杯）に１９９８（平成10）年フランス大会から６大会連続出場中のサッカー日本代表。アジア最強のナショナルチームを決めるＡＦＣアジアカップは４回の最多優勝を誇り、オリンピックも96年アトランタ大会から２０１６（平成28）年のリオデジャネイロ大会まで６大会連続出場中である。

こうして日本のサッカーがアジアで確固たる地位を築き、世界の強豪国と互角に渡り合えるようになったことには深い感慨を覚えずにはいられない。長谷部誠（アイントラハト・フランクフルト）、吉田麻也（サウサンプトン）、香川真司（ベシクタシュ）、中島翔哉（アル・ドゥハイル）、南野拓実（ザルツブルク）、堂安律（フローニンゲン）ら新旧取り混ぜて、多くの日本人選手が海外でプレーするのが当たり前にもなった。隔世の感とはまさにこのことだろう。

私は、そんな日本サッカーの急成長を１９６０年代から時に傍らで、時に渦の中でずっと見続けてきた。サッカーについて、ずぶの素人であったにもかかわらず、ひょんなことからサッカーと縁ができ、気がつくとこの競技の虜になっていた。「ミイラ取りがミイラになる」とか「病膏肓に入る」とは私の人生にぴったりの表現のように思える。

最近、若い友人たちと話しているとびっくりされることがある。日本サッカー協会（JFA）が取引先からの請求書の山を前に、おカネが払えず、頭を抱えた時代があったという話をすると「本当ですか？」と驚かれ、次に決まって「どうしてそんなビンボーな状態から抜け出せたんですか？」と不思議がられるのだ。

1968（昭和43）年メキシコ五輪で銅メダルを獲得した直後、日本にサッカーブームが巻き起こった。同年11月17日の日本サッカーリーグ（JSL）の人気カード、「ヤンマー（現セレッソ大阪）×三菱重工（現浦和レッズ）」の試合には、銅メダリストの釜本邦茂さんや杉山隆一さんの勇姿を見たさに、4万人の観衆が東京・国立競技場に詰め掛けたこともある。が、その人気も長続きはせず、日本サッカーリーグも日本代表の試合も70年代に入るとスタンドでいつも閑古鳥が鳴くようになった。

気分を一新するために日本代表のユニホームを青から赤に変えたりしたこともある。横山謙三さんが監督を務めたときだから、1988（昭和63）年1月から91（平成3）年7月までの間のことだ。あのとき、日本代表が破竹の勢いで勝ち続けたら、ユニホームはそのまま赤で定着していたのかもしれない。

しかし、現実はそうならず、次のハンス・オフト監督の時代から再び伝統の青に回帰したのだった。

90年代初頭まで続いた、そんな暗く長いトンネルをくぐり抜けると、日本サッカーに輝ける時代が待っていた。プロ野球に次ぐ、団体球技のプロスポーツとしてこの国で認知され、プロのサッカー選手と監督が当たり前のように存在し、日本代表選手は国際社会でばりばり活躍する日本人のロールモデルと見做されるようになる時代である。

不思議なことに、それはちょうど天皇陛下が１９８９（昭和64）年1月7日に崩御されて、元号が昭和から平成に移り変わった時期と重なる。

平成の世は「バブル経済」の崩壊、グローバル化の加速、阪神・淡路大震災や東日本大震災に見舞われるなど、激動の時代だった。日本は世界第2位の経済大国の地位を中国に奪われ、経済的には「失われた20年」と呼ばれたりもする。その中でサッカーだけが右肩上がりの成長を遂げられた。内閣総理大臣秘書官や復興庁事務次官などを歴任された岡本全勝さんは「平成の時代、うまくいったのはサッカーと理系くらいのものだ」と語られたそうである。

なぜだろう。当事者の一人である私も不思議に思うことである。

老婆心かもしれないが、現在の恵まれた環境が所与のように思われて、「W杯？　出られて当たり前でしょ」「アジアカップ？　優勝して当然でしょう」というような驕りを感じることがある。これまで成功したから、これからも成功するとは限らないのに。

低迷期を知る者としては、大きなビジョンと具体的な目標を掲げ、謙虚に周囲に理解を求め、賛同者を増やし、一つ一つ課題を解決し、着実に前に進むことが、今日の隆盛を次の時代につなげる上で一番大事なことに思える。

これから私が語ることにどれだけの値打ちがあるのか、いささか心もとない気持ちもあるのだが、今、このタイミングで平成のサッカーを振り返ることは後世に向けて何らかの検証の材料にはなるだろう。何より、私や私の先輩や仲間たちが何を悩み、どう考えて決断したのか、次の世代にバトンを渡すように知ってもらいたい気持ちがある。

天と地が引っくり返るような思いを私がした「ドーハの悲劇」や「W杯日韓共催決定」を、「知らない」「聞いたことはあります」「生まれる前の話ですね」と語る人たちがどんどん増えている。

俳人の中村草田男は「降る雪や明治は遠くなりにけり」という句を昭和6年につくったそうだが、その「明治」が「平成」となる世も遠からず来るのだろう。そんなことを思うと、なおさら平成の30年間に起きたことを伝えたい気持ちは募る。

日本サッカーの隆盛は大きな刺激をアジア諸国にもたらしている。日本に追いつき、追い越せと、サッカーの振興に力を入れている国が増えている。これからもアジアや世界と切磋琢磨できる日本サッカーであり続けてほしい。そんな願いをこめて、話を書き進めていきたい。

◉目次

第二章　平成前史「昭和のサッカー」覚え書き

第三章　1993年　Jリーグ開幕とドーハの悲劇

第四章　１９９８年　フランスＷ杯予選の舞台裏

第五章　２００２年　日韓ワールドカップ開催

第一章

平成の大事業「プロリーグ」をつくる

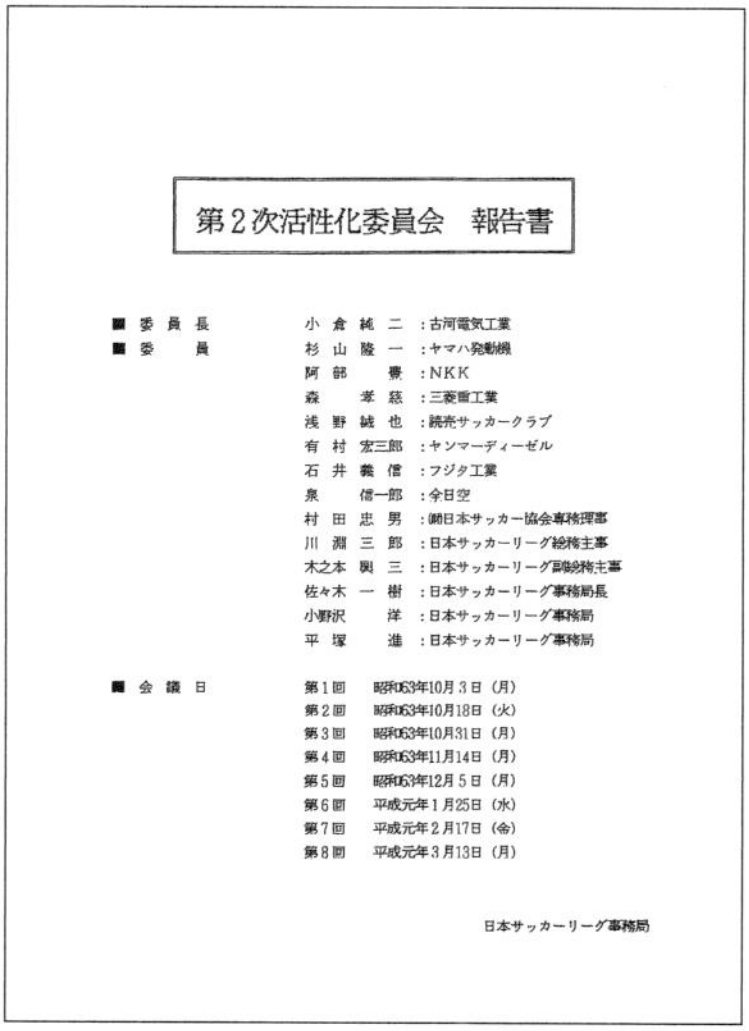

第2次活性化委員会　報告書

■委員長	小倉純二	：古河電気工業
■委員	杉山隆一	：ヤマハ発動機
	阿部譽	：NKK
	森孝慈	：三菱重工業
	浅野誠也	：読売サッカークラブ
	有村宏三郎	：ヤンマーディーゼル
	石井義信	：フジタ工業
	泉信一郎	：全日空
	村田忠男	：(財)日本サッカー協会事務理事
	川淵三郎	：日本サッカーリーグ総務主事
	木之本興三	：日本サッカーリーグ副総務主事
	佐々木一樹	：日本サッカーリーグ事務局長
	小野沢洋	：日本サッカーリーグ事務局
	平塚進	：日本サッカーリーグ事務局
■会議日	第1回	昭和63年10月3日（月）
	第2回	昭和63年10月18日（火）
	第3回	昭和63年10月31日（月）
	第4回	昭和63年11月14日（月）
	第5回	昭和63年12月5日（月）
	第6回	平成元年1月25日（水）
	第7回	平成元年2月17日（金）
	第8回	平成元年3月13日（月）

日本サッカーリーグ事務局

プロ化は昭和の終わりから検討開始。第２次活性化委員会報告書

暗黒時代の日本サッカー

平成の時代に起きたサッカー界の一大変革。それはサッカーのプロ化ということに尽きるのではないだろうか。プロ化の成功が強い日本代表をつくり、ワールドカップ（W杯）の招致と開催（共催）というところにまでつながったことを思うと、すべての出発点と言っても過言ではないだろう。

日本のサッカーのプロ化は、まず選手のプロ化から始まり、やがて1993（平成5）年のJリーグ誕生へとつながっていく。その経緯を私なりの視点で振り返ってみたい。

1987（昭和62）年3月、6年間のロンドン駐在の仕事を終えて、東京の古河電工本社に戻った私は同社サッカー部の部長を任されることになった。当時のチームは86年12月末にサウジアラビアのリヤドで行われたアジアクラブ選手権（現在のAFCチャンピオンズリーグの前身）で見事な優勝を遂げたばかり。GK加藤好男、DFに岡田武史、金子久、五十嵐和也、小林寛、MFに宮内聡、越後和男、奥寺康彦、永井良和、後藤義一、前田秀樹、FWに吉田弘、菅野将晃、池田誠剛らを擁する素晴らしいチームだった。ロンドンから応援に駆けつけた私はチームの快挙に小躍りしたものだ。

当時の岡崎久彦サウジアラビア特命全権大使も非常に喜んでくれ、チーム一行を大使館で大いにもてなしてくれた。帰国する日、大使館内で振る舞ってもらった冷たいビールのおいしさは今でも忘れられない。

ロンドンから日本に戻って感じたことは日本サッカーリーグ（ＪＳＬ）が混沌の中にあるということだった。

１９６４（昭和39）年東京オリンピック（五輪）の翌年、デットマール・クラマーさんの提言を受けてスタートしたＪＳＬは発足当初は純然たるアマチュア選手によるリーグだった。会社の休日である土曜、日曜に限って試合をし、遠隔地の日曜の試合では夜行列車に揺られて東京に戻り、そのまま月曜の朝から出社するようなことをしていた。練習も定時の就業時間を終えてから集まって行っていた。普段の練習不足を補うために、選手は皇居の周りを昼休みに走ったりしていた。会社、職場に迷惑をかけないことが大前提だったわけだ。

それが68年メキシコ五輪銅メダルの影響もあってサッカー人気が盛り上がるにつれ、企業間でタイトルを巡る競争が過熱し始めた。勝つためには何が必要か。一番手っ取り早い方法は練習時間を増やすこと。それで会社の中に午後の仕事は免除してサッカーの練習に取りかからせるところが出てきた。

一つでもそういうチームが出て、そこが力をぐんぐん伸ばしていくと、タイトルを目指すライバルチームも勢い、右にならえとなる。最初は少数派だった午後練習組が多数派になり、あくまでも終業後の活動にこだわる会社は少数派に転じて力を落とし、ＪＳＬから撤退するところも出てきた。アマチュアのリーグという本来の趣旨から逸脱していった結果だった。

サッカーの練習量が増えたことは競技レベルを押し上げるはずだったが、日本サッカーは70年代に入ると、オリンピックもワールドカップもアジア予選をクリアできなくなった。かといって昔の就業形態に戻すわけにはいかない。そんなことをしたら国内のタイトルを取れなくなる。

そういう時代を長く続けるうちに困った事態が出てきた。引退後の選手の処遇である。入社してから30歳近くまで午前中しか仕事をしなかった選手が職場に戻ったときの苦労が半端ではなかったのである。それはそうだろう。「猛烈サラリーマン」とか「企業戦士」という言葉もあったくらい、日本の会社員は朝から晩まで一生懸命に働く。それを7〜8年続けた者と午前中しか仕事をしなかった者が30歳を過ぎて同じ土俵に上がって勝負ができるわけがない。

せめて日本代表が70年代もメキシコ五輪のような輝きを放っていたら、ＪＳＬの選手にも熱いまなざしが送られたかもしれないが、仕事は中途半端、サッカーも世界の檜舞台に出られないでは「君たち、何のために会社にいるの？」という冷たい視線にさらされることになる。

そういう現状に一石を投じる動きが80年代に入ると出てきた。サッカーを専業とする選手の出現である。引退した後は社業に戻る気はない。そのまま退職になってもかまわない。その代わり、午前中も会社に行かないし、終身雇用という枠から外れるのだから現役の間は人より多くの報酬をもらいたい。そう考える選手が出てきたのである。

そういう選手を擁して80年代に急速に台頭したのが、企業チームでは加茂周監督率いる日産自動車（現横浜F・マリノス）だった。どっちつかずの現状に業を煮やした加茂さんは同社がテストドライバーと契約する際に用いる手法をサッカー選手に援用、木村和司ら代表クラスの大卒選手をどんどん獲得していった。彼らは当時「契約選手」と呼ばれ、従前の「社員選手」とは一線を画す存在になっていた。

80年代以降、その日産としのぎを削る関係になる読売クラブ（現東京ヴェルディ）はクラブチームだから、そもそも戻る社業もない。ラモス瑠偉とか小見幸隆、松木安太郎、戸塚哲也、都並敏史らが企業チームとは明らかにテイストの異なる、野性味あふれるサッカーを見せていた。

85年のシーズンが始まる前にＪＳＬの総務主事になった森健児さんが各チームの雇用形態を実態調査したら、プレー報酬を受け取っている選手が読売クラブは26人中24人、日産が26

人中12人、全日空は27人中17人いて、計53人が実質的にプロとして活動していたという。読売で報酬を受け取っていなかったのは筑波大学で先生をしていた加藤久と高校生の菊原志郎だけだったらしい。

会社の仕事をフルタイムでこなしていては勝てないＪＳＬが、午前中しか仕事をしないチームも勝てないＪＳＬにさらに変わろうとしていた。そういう実質的にはプロといえる契約選手をどう扱うかはサッカー界にとって大きな問題になっていた。

プロをプロと認められなかった理由は幾つかある。大きな問題は日本サッカー協会が「アマチュアの総本山」といわれた日本体育協会（現日本スポーツ協会）の加盟団体だったことだ。日本体育協会は厳しいアマチュア規程を設け、アマチュア選手がスポーツをして報酬を得ることを厳しく禁じていた。五輪を主催する国際オリンピック委員会（ＩＯＣ）が憲章で厳しくそう定めていたからだ。

１９８０年のモスクワ五輪まで、五輪は「アマチュアスポーツの祭典」であり、金銭を対価に競技生活を送るプロ選手は「不浄」とされ、ＩＯＣから「お呼びでない」存在とされた。

一方で、サッカーはそこがずっとオープンマインドだった。イングランドのフットボール協会は１８８５年にはもうプロの存在を認めていた。国際サッカー連盟（ＦＩＦＡ）が主催するW杯自体、プロにもアマにも門戸を開き、「とにかく一番強い国はどこなのか」というシンプルな問いに答えるオープン大会だった。

国内では日本体育協会に加盟し、国際的にはFIFAに加盟する日本サッカー協会は、両者の狭間でずっと矛盾を抱えたまま、いたずらに時を費やしていたことになる。

日本サッカー協会がアマチュアの身分に固執したのは、国際舞台に出るにはそれが好都合だったというのもある。優秀な選手たちをプロと認めてしまうと彼らは自動的に「アマチュアの祭典」の五輪に出られなくなってしまう。一方、アマのままでいれば五輪にも、「オープン大会」であるW杯にも両方出られる。今となっては信じられないことだが、70年代の日本サッカー界はW杯より五輪の出場を重視していた。であれば、アマとしては相当疑わしい存在でもアマと名乗っているほうが得策だったのだ。

IOCがプロの参加を認めた！

そんな日本の眠りを覚ます衝撃は、いつものごとく、外からやってきた。IOCが五輪にプロの参加を認めてしまったのである。84年のロサンゼルス五輪である。IOCのファン・アントニオ・サマランチ会長が「オリンピックはプロ、アマの区別なく、最高のアスリートが集う場所である」と宗旨替えを布告、いわば五輪の〝ワールドカップ化〟に大きく舵を切ったのだった。

これはIOCの言うことは何でもよく聞く「優等生」の日本のスポーツ界に特に衝撃を与えた。が、日本サッカー協会にとって、それは、年来の主張がやっと認められたようなもの。サッカーを知る者なら誰もブラジルの王様ペレや西ドイツ（当時）の皇帝ベッケンバウアーを「不浄」だと思わない。むしろプロとは「アマチュアの手本」として崇め奉られる存在。プロになっても五輪に出られるとなれば、今度はアマチュアに留まっている理由がなくなった。

そうした外的な環境の変化に加えて、もう一つ、大きなインパクトになったのが奥寺康彦の帰還だった。ドイツのブンデスリーガで9シーズンの長きにわたって活躍した奥寺が86年に日本に戻ることになった。当時の日本サッカー協会の選手登録はアマチュアしかなかった。ドイツでプロとして活躍した奥寺をアマチュア登録させるのはどう考えても理不尽だった。奥寺本人も「俺、アマチュアじゃ絶対にやれませんよ」と主張していた。

それで協会はこの年から選手の登録規程を改め、アマチュアとは別に「スペシャルライセンス・プレーヤー」と「ノン・プロフェッショナル」という2つのカテゴリーを新設することにした。この2つはどちらもサッカーによって報酬を得ることを認められたが、「スペシャルライセンス・プレーヤー」はより高次元な選手として広告・宣伝活動に従事して報酬を得ることも許された。

改定初年度、「スペシャルライセンス・プレーヤー」での登録を協会に認められたのは奥寺と木村和司だけだった。「ノン・プロ」の方は古河、フジタ、日産、ヤマハ、読売クラブ所属の選手がほぼ全員そうなったが、マツダは外国人選手が「ノン・プロ」で、残りは全員アマチュア、日本鋼管、本田技研、松下電器は全員がアマチュア登録した。

ここでのスタンスの違いが、後のプロリーグ設立をめぐるスタンスの違いにもなって表れるのは非常に興味深い。

「スペシャルライセンス・プレーヤー」の制度は1年限りで終わった。87年からはプロ選手は「ライセンス・プレーヤー」というカテゴリーに一本化されて、数も一挙に72人に増えた。

私が英国から帰国した87年というのは、そういうプロの登録をやっと認めるようにはなったが、チーム単位、会社単位で何を、どこを目指すのかは五里霧中という、日本サッカーの過渡期の真っ只中だった。

リーグ内に増えていた「プロのようなもの」を「プロ」として認知していく作業は緒についたものの、それですべてがうまくいくとは誰も思っていなかった。プロ選手が増えても、それが日本代表の強化に必ずしも結びついていなかったからだ。むしろプロ選手が増えるだけでは勝てない、もっと動きを先鋭化すべきではないか、具体的には「選手のプロ化」から「リーグのプロ化」へとさらに推し進めるべきではないか、という不満や鬱屈がマグマのように地下に溜まる状況が生まれていた。

日本代表は五輪もW杯も予選敗退

最初の絶望は86年W杯メキシコ大会のアジア最終予選で森孝慈監督率いる日本代表が最後に韓国に競り負け、出場を逃したこと。

その次の88年ソウル五輪予選も最後の最後に中国に出場権をさらわれた。ワールドカップはともかく、ソウル五輪は開催国として韓国が予選は不参加だったからチャンス到来と誰もが思ったのだけれど、石井義信監督率いるチームは中国・広州で1―0と先勝しながら、ホームの国立競技場で0―2で敗れ、逆転を許してしまった。

メキシコの時はまだ私はロンドンにいたから感じなかったが、ソウル五輪予選に負けた時は古河のサッカー部部長だったから風当たりの強さを猛烈に感じた。古河は石井義信監督のチームに奥寺康彦や松山吉之、越後和男、金子久、宮内聡らを送り込んでいたから余計に肩身は狭かった。

「メキシコは遠いから仕方ないけど、隣の国にも行けないんだ、日本サッカーは。本当に近くて遠い国なんだね、韓国は」なんて嫌みをいう人もいた。

何より傷ついたのは選手だった。メキシコ五輪以来、20年ぶりの出場に手が届きかけていたのに、その夢が無残に打ち砕かれたわけだから、物凄いショックを受けて、しばらく放心状態の選手もいた。

そういう状況に「だから言わんこっちゃない」とばかりに勢いづいた人たちもいた。リーグ全体のプロ化を考えていた人たちだ。ＪＳＬの森健兒総務主事、木之本興三事務局長、三菱重工の藤口光紀ら各チームの若い運営委員である。彼らは84年ごろから既に「茶話会」という形でプロ化の可能性について水面下の議論をあれこれやっていた。その周りには在京の通信社や新聞社のサッカー好きの若い記者たちもいて、プロリーグを実現させる段になると強力に後押しする存在になってくれた。

リーグのプロ化を考える人たちにすれば、メキシコのワールドカップやソウル五輪のアジア予選で日本代表が勝っていれば「なんだよ。今やっていることは悪くないじゃないか。このままでいいだろう」という現状維持派が力を持って、自分たちの出る幕がなかった。負けたからこそ、自分たちの主張に説得力が増した。お隣の韓国は83年から既にプロのスーパーリーグをスタートさせていた。

後にＪリーグの初代チェアマンになる川淵三郎さんも、88年に転勤先の名古屋から東京に戻ってＪＳＬの総務主事になったころは「こんな連中がプロになんかなれるか」と懐疑的に思っていた。しかし、アジアで勝てない実態をつぶさに見ているうちに「これはやるしかない」とプロリーグ設立に踏ん切りをつけた。国際舞台に出られない状態が長く続いて切羽詰まっていたからこそ、プロリーグを目指す動きが加速したのは間違いない。

88年のソウル五輪は64年の東京大会以来のアジアでの夏季五輪だった。すぐに行けるから日本人も大勢観に行ったと思う。韓国に近いから日本で合宿した外国のチームもあった。そういう環境で五輪に出た競技団体と出られなかった競技団体の扱いは月とスッポンくらいあった。銅メダルを獲得した68年メキシコ五輪で日本代表のコーチを務めた後、ＪＯＣの仕事に専念されていた岡野俊一郎さん（当時日本サッカー協会副会長）も忸怩たる思いを持ったことと思う。

そういうふうに考えていくと、日本サッカーが90年代にとてつもない右肩上がりの上昇曲線に乗ることができたのは、他の競技団体に先駆けて、いろいろな矛盾にぶつかったおかげと言えなくもない。中途半端に五輪なんか出なくてよかったとまでは言わないが、ダメさ加減を直視していち早く、復活の処方箋（リーグのプロ化）を書けたのが良かったのだと思う。

先行きが不透明な時期だけに選手の立場は微妙だった。

古河で「プロになりたい」と一番積極的だったのはストライカーの吉田弘だった。ＪＳＬの得点王にもなった男で、後にＵ－17（17歳以下）女子日本代表の監督にもなった彼は「仕事をやりつつサッカーをやるのはもう無理だ。ライセンス・プレーヤーにしてくれ」と言い募った。プロを認めるように選手登録が変わった86年は会社が言うことを聞いてくれず、奥寺と同じスペシャルライセンス・プレーヤーになれなかったが、87年は私が部長だったこともあり、会社の人事部と掛け合って実現させた。

古河の功労者の一人といえる永井良和は、年齢的に先が短くて無理と思ったのか、プロ選手になる気はなかった。岡田武史もそうで「今やっている仕事が大変。これから残業に戻ります」と言ってグラウンドと職場を往復していた。

この時期はまだ「給料で食えるだけでもいいです」と言っている選手の方が多かった。そこは一足先に選手のプロ化を進め、プロになることを前提に採用もしていた日産や全日空とはかなり様子が違った。

私はサッカー部部長になったことで各チームの部長たちと実行委員会などで会う機会が増えた。そこでは自分たちのチームをこの先どういう形で運営していくか、が全員共通の悩みの種だった。

そういう時代のうねりの中で私自身は何を考えていたか。

プロ化への熱き胎動始まる

ロンドンから帰って来て、初年度に、いろいろなチームと話し始めて正直、ＪＳＬに限界が来ているなと思った。まず、お客さんの入りがひどかった。１試合平均の動員数はメキシコ五輪があった68年の７４９１人をピークにずるずると下がり続け、81年は１８１２人にまで落ち込んだ。

そこから上昇に転じたといっても84年、85年は３６００人台、私が帰国した87年シーズンは４６５６人だった。慣れている人は何とも感じなかったかもしれないが、ロンドン帰りの私にはあまりにも寂しすぎる光景だった。イングランドでスタジアムが毎試合満杯の試合を観てきたのに、日本に帰ってきたら冗談抜きでスタンドのお客さんが数えるくらいしかいない。現在のＪリーグのように実数でカウントしたら数字はもっと悲惨なものになっていただろう。

引退した後の選手が幸せそうに見えないのも問題だった。大卒の選手はまだ良かった。高卒の選手は給料などの待遇に大卒の選手と明確な格差があった。ＪＳＬではどんなに優秀で活躍しても、大卒の選手より給料は安かった。現役の間ですらそうなのだから、選手生活を終えた後、一般社員の群れの中に入れば、ずっと格差のついた扱いを受ける。

ＪＳＬでチームを持っているのは大きな会社ばかり。定年まで食いっぱぐれはないものの、引退した後の30年ほどを、若き日にサッカーばかりやっていて社業に出遅れた会社員として過ごすのは、かなりきついことだった。

ＪＳＬをどう盛り上げていくかを有志で議論する「活性化委員会」なるものを88年にわれわれはつくることになるのだが、その場で、メキシコ五輪で銅メダルを取った時に釜本邦茂さんとともに大活躍した杉山隆一さんが言ったことに私はショックを受けた。

「正直にいうと、三菱重工からヤマハに移って監督になったけれど、いつしかチームが勝っても喜んでくれるのは家族と会社だけになった。会社も全部っていうんじゃなくて、自分の机のまわりにいる人たちだけ。あとは誰も知らねえもんなあ。それはすごく悲しいよ」

「自分はサッカーを好きでずっとやってきて、やっぱり多くの人にね、喜んでもらう、〝杉山はすげーなー〟とか言ってもらいたくてやってきた。それは今の選手も同じだろう。でも、それにしちゃあ、あまりにも現状は寂しすぎるよ」

その話には私も驚いたし、森健兒総務主事なども意外そうだった。

何といっても杉山さんは「天下の杉山」だし、それなりに満ち足りた人生を送っているものと思っていたから。その杉山さんが活性化委員会で「寂しい」と言う。現状のままではＪＳＬの勝ち負けに一喜一憂するのは関係者のみ。それは本当にまずいことだよなあとしみじみ思わされた。

私もそこでヨーロッパで見聞きした話を出したりして「そりゃあ全然違うよな」「今のまじゃ良くないな」という話になっていった。結局、舞台の上でやっている選手たちが「おれたち、何のためにやってんだ？」と疑問に思いながらやっているものを、お客さんが観て楽しめるはずがないのだ。

そんな杉山さんの思いや、若い運営委員たちが上げてきた現状の生の声を聞くにつれ、私の中でもプロリーグをつくりたいという思いは膨らんでいった。そもそも追いかけるほうが、追いかける相手より劣った環境のままで「世界に出て勝て」と説教しても何の説得力もないし、無理だろうと思った。

ロンドン駐在時代の呼び屋の真似事、ウエストハムから学んだクラブ経営の実情、英国から持ち帰ったサッカー協会、リーグ、選手協会の規約も参考にして、プロのリーグ、クラブがどんなものかはおぼろげながらわかっていた。

規約は向こうもどんどん変えるものだから何が正しいかはよくわからないが、正否は別にして、そういう憲法のようなものがしっかりあって、それを土台に組織がつくられていることはわかっていた。

英国は日本と同じ島国、人口だって面積だってちっとも変わらないのに、向こうは1部から4部までリーグを編んで選手はしっかり暮らせている。この違いは何なのか。「向こうはサッカーが一番の人気スポーツだけれど、日本にはプロ野球がある。だから無理」なんてことに逃げないで、英国にもラグビーとかクリケットとか他の人気スポーツはあるわけだから、しっかり議論していこうという雰囲気が醸成されていった。

水面下でプロ化の議論を進めていた森総務主事や木之本事務局長、各チームの運営委員たちは、その議論をもっと高次のレベルで表面化させることを望むようになっていた。それで今後の日本リーグのあり方を議論する場を公につくろうとなって「JSL活性化委員会」をつくる話がまとまった。その委員長には私が就いた。

第1回の会合は88年3月17日午後6時から東京・神田小川町のJSL事務局で開かれた。私以外の出席者は森総務主事、木之本事務局長、村田忠男日本サッカー協会専務理事、浅野誠也（読売クラブ）、杉山隆一（ヤマハ）、森孝慈（三菱）、石井義信（フジタ）、佐々木一樹（日産）の9人だった。

委員長には本来なら総務主事の森健児さんが就くべきだったが、三菱重工航空機製作所の資材部次長という名古屋での本業が忙しくて掛け持ちはとても無理と自身が判断された。

私に白羽の矢が立った理由はよく知らない。推測するに、古河のサッカー部部長として他社の同じ立場の人や若い運営委員たちと話している時に「この人は古河というお堅い会社の人だけど、本質的にはプロ肯定派じゃないか」と見込まれたのだと思う。

実際、そうだった。ロンドンでイングランド・サッカーの空気をたっぷり吸い込んで帰って来た経験は、私の発想を柔軟にしていた。古河のすごいところは会社としてはまったくプロ肯定派ではなかったが、肯定派である私のそんな活動をずっと黙って見ていてくれたことだ。

この年の8月には川淵三郎さんが転勤先の名古屋から東京に戻ってきて森健兒さんからJSLの総務主事を引き継ぐことになるのだが、川淵さんがそういう社外の活動をすることも黙認していた。古河はそういう懐の広さ、深さがある会社だった。

第1次活性化委員会の人選について私はノータッチだった。「こういう人たちと一緒でいいですか？」という相談は木之本事務局長からあったが、それはもう全然問題ないよと私は答えていた。若手の運営委員を集めて開いた茶話会の議論を積み上げてきた木之本たちからすると、活性化委員会はプロ化を推進するための研究会だったが、私は短兵急に事を運ぶことはないと思っていた。設立から二十数年がたって、JSLにいろいろどうしようもないことがたくさん出てきたから、それを日本サッカー界全体として意識し、顕在化させて整理し、解決していく必要がある。そのための選択肢を準備しようというのが私の発想だった。

奥寺康彦、木村和司に続いて大勢のプロ選手を容認したからといって、スポーツ界全体を通してみれば、アマチュアリズムを墨守するというか、プロに対するアレルギーはまだまだ強い時代だった。「プロリーグ設立もやむなし」というコンセンサスをつくっていくにはそれなりの手順を踏む必要があると思っていた。

そういう意味で心強かったのは日本サッカー協会の村田忠男専務理事が活性化委員会のメンバーに加わってくれたことだ。リーグのプロ化を考える時、真っ先に、真っ向から反対しそうなのが実は〝親〟ともいえる日本サッカー協会だった。まあ、自分の子供がいきなり「父さん、おれ、サッカーのプロ選手になる」と言いだしたら、まともな親なら「お前、気はたしかか。アタマを冷やせ」と怒るのは当然で、当時のＪＳＬとＪＦＡはそんな関係にあった。メキシコ五輪銅メダルのチームを監督として率いた長沼健さん（当時ＪＦＡ副会長）や岡野俊一郎さんのような実力者ほど、プロを理想化していて、中途半端なものを世に出すのは恥ずかしいという考えは強かった。

ただ、そんな中で村田さんは協会内で唯一といっていいくらいのプロ化推進論者だった。というのも村田さんは村田さんで「２００２年ワールドカップ日本招致」という壮大な夢を持っておられたからだ。Ｗ杯を招致する際の一番の障害は、大会を開催するに値するスタジアムが日本にないことだった。仮に造れたとしても、大会後にどう活用していくかが大きな問題になる。もし日本にプロリーグができて、クラブのホームスタジアムにＷ杯用に造るスタジアムを充てることができたら、後利用の問題は大きく解決の方向に動くことになる。

協会内の専務理事という要職にある人がワールドカップ招致という途方もない夢を持っていたこと、そのためにプロ化の理解者であったことは今から思うと、日本サッカーを大きく前進させる天の配剤だったように思える。

日本サッカーの夜明け文書

第1次活性化委員会で話し合ったことは、「日本サッカーの現状を分析、他国リーグの調査を行い、現状改革を進めながら、トップリーグを商業ベースによる、事業化を志向したスペシャルリーグにするという検討を行った」ということになる。

詳しくは最後にまとめた最終報告書の目次を見るとわかりやすい。

(1)全体報告
(2)ＪＳＬの現状
(3)ＪＳＬの今後のあり方
(4)韓国スーパーリーグの現況
(5)ＪＳＬに関するアンケート調査

3月17日の第1回会合で、翌89年度から行える活性化策と同時に、未来のＪＳＬのあり方を話し合いたいと私から提案した。プロリーグをつくろうとすれば、「今やれることはすべて手を打ったのか」という反論が出てくるのは目に見えていた。だから現状のフォーマットの中でやれることも議論して手を打てるものは打っておいたほうがいいという判断だった。

ＪＳＬの位置づけ、課題を明確にして、短期、中期、長期の目標を設定していくこと。それは２００２年のＷ杯をにらんだロードマップにもなるはずだった。そして「プロフェッショナルな制度とは何か」を議論したいという提案もした。

出席者全員にあったのは「今のままじゃ、どうしようもないぜ」という認識だった。そして「プロ化するしかない、というのなら、プロのことを勉強しないとダメだ」と、一足先にプロのスーパーリーグを始めた韓国の事例を調べたりした。

私は極めてざっくりとした数字ではあるが、事業として成功するための条件として一つの計算式を滑りこませた。

1チーム2億円×12チーム＋リーグ運営費1億円＝25億円

プロリーグを事業化しようとしたら年間にこれくらいの経費はかかる、という目安だった。

一方、収入の方は「1試合2万人×132試合×平均単価1000円＝26億4000万円」という目安を示した。当時の日本リーグと同じ12チームの2回戦総当たりでやるなら1試合につき2万人が入らないと採算が取れない。活性化委員会が始まる前年度（87〜88年シーズン）の1試合平均観客数は4656人だったから、4倍増を目指さないとペイできないことになる。

収入をすべて入場料収入で賄うのは、当時の日本リーグを考えると、テレビ放映権料に値がつくとか、グッズが飛ぶように売れるとか、まったく想定できなかったからだ。

直前まで代表監督を務めていた森孝慈、石井義信両氏からは強化目線の意見をたくさんちょうだいした。リーグで年間どれくらいの試合をこなせば、選手強化に役立つのか。現状の1チームにつき22試合ではあまりにも少なすぎると2人は思っていた。

サッカー協会に対しても、プロリーグをつくるのは代表強化のために必要だから、というのが殺し文句になるのだから、そこの目線は絶対に外せなかった。それでサッカー協会の強化畑のトップだった平木隆三さんにも根回しして「リーグとして年間に何試合必要かという結論を強化委員会で出してください」とお願いをした。

活性化委員会は2週間おきに開かれた。

第2回は3月31日。ここでは強化関係者の意見で年間に50試合は必要なこと、フランチャイズ制の導入などが話し合われた。

4月13日の第3回は3つの選択肢について話し合った。一つ目は現行の枠内で勝ち点制などに手を加えてマイナーチェンジを図る道。当時の日本リーグは降格を恐れた消極的な試合が多かった。引き分けの多発を防ぐために勝利ポイントを2から3に増やすといった改革案だった。海外から一流のコーチを招いて指導者研修を施すことも俎上に載せた。これらはやろうと思えばすぐにできることだった。

二つ目の道は現状を踏襲しながら、リーグに冠スポンサーを導入し、統一契約書の作成や移籍規程の改定、指導者のプロ化などを進めていく道。監督や選手周りの環境を整備することに異論は少ないはず。これも穏健路線といえ、会社も異を唱えそうになかった。

三つ目は最も過激なプロリーグ結成の道。新リーグに参加するにはドイツのブンデスリーガのようにリーグ機構が定める条件をクリアしなければならない。条件とは経営内容の透明化、ホームグラウンドやリーグに納める供託金の確保など。

こうやって会社が呑めるものから、いきなりは呑めそうにないものまで、3つの選択肢を用意したのは私のアイデアだった。プロリーグ結成の案だけ示しても会社は「話にもならない」とゴミ箱に捨てるだけ。複数の案を示しながら、最終的にプロリーグ結成の流れに持っていけるようにしたかった。

4月27日の第4回はプロリーグの概要をより詳細に詰めた。事業としてチームとリーグを考えること。プロリーグを結成した場合、条件面で参加できなかった日本リーグの残りのチームは新たな日本リーグをつくること。チームの形態はプロのトップチームだけでなく、ユースやジュニアユースの育成チームを持つクラブ型にすること。既にその面では読売クラブが成功例となっていた。試合数は年間50を想定、地域密着を図るために地元と呼べる場所を主会場とする。リーグに冠スポンサーを導入すること、審判のプロ化についても話し合われた。

5月10日の第5回はプロリーグの呼称はとりあえず「スペシャルリーグ」とすることを話し合った。プロリーグという呼称は会社に対して刺激が強すぎるという判断だった。

ここでは私の勝手な試算も披露した。年俸1人1000万円の25人登録で2億5000万円の選手人件費、スタッフ10人の人件費を含む運営費が計2億9000万円で計5億4000万円。収入は入場料が2億5000万円、スポンサーとテレビ収入で4000万円の計2億9000万円。赤字分の2億5000万円は親会社からの広告費名目で補塡する。この見立てどおりに運ぶには12チームの2回戦総当たりでは1試合につき2万3000人の動員が必要となった。スポンサー収入と放映権料の数字の異常な小ささ、商品化権が含まれていないのは、当時の日本リーグの環境を考えると仕方なかった。

5月18日の第6回は最終回ということでまとめの議論になった。スペシャルリーグに参加するチームは、日本では珍しい一貫指導の選手育成を可能にするクラブ型の組織にすること、独立採算を基本的に目指す事業体であること、ナイター設備を整えた1万5000人以上を収容するスタジアムを確保すること、スペシャルライセンスを持ったコーチがトップチームを率いること、リーグ加盟金の分担、そして日本サッカー協会の決定に従うこと。

この最後の項目も重要なことだった。われわれの先輩であるプロ野球は人気球団の巨人が「リーグ脱退」や「新リーグ設立」をちらつかせて日本野球機構を揺さぶり、議論を有利に導く悪習があった。そういう事態に陥ることがないように、ルールとして協会の優越性を担保しておく必要があった。

88年7月21日にJSL（日本サッカーリーグ）評議会に提出された第1次活性化委員会の最終報告書は26ページに及んだ。曲がりなりにもここまで漕ぎ着けられたのは当時の心ある人たちの危機感の賜物だった。84〜85年くらいから加茂周さんや釜本邦茂さん、森健兒総務主事、木之本事務局長などが悶々としながら「このままでは日本サッカーは滅びる」という議論を新聞記者も交えながらしていた。その議論の途中から私も入ったことになるが、最初はプロ化を前提としなくて何がやれるか、アマチュアとして何がやれるかというのをテーマにしていたはずが、最終的には、どう読んでもプロ化に力点が置かれた内容になっていた。

そして、現状からのマイナーチェンジでは効き目は薄いということで、プロ化をより鮮明にした答申を書こうということになって、すぐに第2次活性化委員会を開くことになった（第1回の会合が88年10月3日、最後の第8回会合が平成元年の89年3月13日となった）。委員長は再び私が務めた。

第2次活性化委員会

第2次活性化委員会が第1次と大きく異なるのは、ここから川淵さんがＪＳＬの第7代総務主事として議論に加わったことだった。それまで総務主事だった森健児さんは本業の三菱の名古屋での仕事が忙しくなり、兼務することが難しくなった。ちょうどそのとき、川淵さんが古河電工名古屋支店から東京に戻ることになった。このままでは総務主事の仕事は十分にこなせないと考えた森さんが川淵さんに後事を託したのだった。

川淵さんの名古屋支店勤務は6年近くに及び、金属営業部長としてばりばり働いていた。本人は戻るとしたら東京本社の営業部長あたりだろうと思っていたら、辞令は古河産業という子会社の役員だった。当時51歳だった川淵さんはこの出向で、本社での栄達の道は断たれたと思い、相当なショックを受けたそうだ。そんなタイミングで持ち込まれたＪＳＬ総務主事の話。気持ちの切り替えが早い川淵さんは「サラリーマン人生がここまでなら、サッカーの世界でもう一度、暴れ回ってやろう」と決断した。川淵体制のスタートは１９８８（昭和63）年8月のことである。

総務主事の仕事はリーグ運営全般を統括する要のポジションだった。とはいえ、立場は非常に微妙。ＪＳＬは組織的には大学連盟などと同じく日本サッカー協会（ＪＦＡ）の傘下にあった。つまり、日本サッカー協会の意向に逆らって独断専行で何かをするのは制度的にあり得ないことだった。

ＪＳＬの組織自体は「評議会」を頂点に「実行委員会」「運営委員会」が連なるピラミッド型であり、最終的な意思決定は加盟チーム選出の評議員で構成される評議会が行った。評議員は本社の取締役クラスが務め、会合が開かれる頻度は年に1回くらい。プロ野球でいえば、オーナー会議のようなものだった。

実際のリーグ運営に携わっていたのは85年にできた実行委員会だった。こちらのメンバーは各チームの実質的な代表者で構成され、より現場に近い発想でリーグの問題点を解決し、新しい企画を立案することが求められていた。総務主事はこの実行委員会の議長という立場だった。

運営委員会はそれよりさらに下の各チームのマネジャークラスで構成された実動部隊だった。ＪＳＬでは82年度から各チームの自立を促すためにリーグを自主運営するようになっていた。それまではバスケットボールでもバレーボールでも日本リーグといえば、各チームが差し出す分担金を元手に運営されていた。各チームはそうやって〝上納金〟を差し出す代わりに、多くの責任から解放された。極端なことをいえば、集客に努力する必要もなかった。入場料収入は全日程を終えた後に全チームに均等に割って配分したから、努力してもバカらしいという構造になっていたのである。

さすがにこれではまずかろうとなって、グラウンドの確保やチケット、グッズの販売、配布などを各チームに委ね、独立採算の要素をチーム運営に入れ込んだわけである。純然たる日本リーグとＪリーグの間に、自主運営という形態が移行期にあったことは、見落としてはならない要素だと思っている。

それはさておき、ＪＳＬのピラミッド構造をプロ化への姿勢という観点から眺めたとき、一番過激だったのは、やはり各チームの運営委員たちだった。彼らは現場で日本リーグの矛盾や限界に直面しており、現状を打破するにはプロ化しかないという論者が多かった。

実行委員レベルではプロ化が必要とする者とそうでない者とが拮抗。本社筋に近い人たちで構成される評議会となると「そんな話、本社に持っていっても笑われるだけ」という否定的な空気のほうが強かった。

そんな状況の中で川淵さんは登場したわけである。

議論を進める中で、私自身のプロ化への抵抗はどんどん薄れていった。「これは不可能だ」とも思わなかった。実際にボールを蹴ったことがある人たち、それは長沼さんや岡野さんや川淵さんもそうだが、そういう諸先輩には「プロ」というものに対して憧憬に似た感情があったように思うのだ。今の言葉でいうと「リスペクト」の念が強くて、どうしても「上手い」「下手」の判断が先に立ってしまう。

「その程度のプレーしかできなくて何がプロだ！」

という怒りが先に湧いてしまう。総務主事に成り立てのころの川淵さんがまさにそうだった。ロサンゼルス五輪予選敗退の責任を取り、84年に日本サッカー協会強化本部の強化部長を辞した後はサッカーとの縁を絶っていた川淵さんは、久しぶりに見る日本リーグに腹ばかり立てていた。大して上手くもないくせに、審判に文句は言うわ、だらだらとボールを追うわ、球際の厳しさはないわで、見るたびにはらわたが煮え繰り返る。そして生ぬるい日本リーグに活を入れるにはプロ化しかないというふうに考えを変えていくのだった。行動力と発信力のある川淵さんがプロ化論者に変わったことは百万の味方を得たに等しかった。

私はというと、ピッチの中のことにはある意味、関心がなかった。長年にわたってサッカーを見ているから目は肥えているが、いざとなったら専門家たちの眼力にはかなわないし、そこは川淵さんたちに任せておけばいいとも思っていた。

ピッチの中のことより、ピッチの外のことに関心があった。特に自分の本業とも重なる経理屋の目線でプロサッカーを考えることに熱中した。

経理屋の発想を煎じ詰めれば「このおカネで何人食べさせればいいの」ということである。おカネが足りないと思えば、もっとおカネを取ってくるか、人を減らすか、一人一人の取り分を減らすしかない。

そういう目線で見たとき、第1次活性化委員会の段階で「これはいけるぞ」と思っていたのだった。そんなことを言うとあまりに楽観的に過ぎると思われるかもしれないが、日本リーグを構成する親会社を見れば、三菱でも日立でも古河でも日産でもトヨタでも何千、何万人という社員を雇用しているわけである。それだけの人間を食べさせていくことを思えば、監督、選手合わせて20人や30人くらいの人間を抱えていくくらい、どうってことはないと思えてしまうのである。

職業としてのサッカーとは？

業界全体で考えてもそうだ。当時、日本相撲協会のお相撲さんの数を調べたら１０００人ほどだった。プロ野球も12球団が抱える選手数は1チーム60人で計７２０人。サッカーの場合、プロリーグをつくって、10チームが選手を40人ずつ抱えても４００人。４００人に一人

1000万円ずつ払っても40億円である。「これくらいなら十分に集められるだろう」と思えたのだった。

それで日本リーグの各チームがその時点でどれくらいの人件費をかけているかを調べたら、日産やヤマハなどプロ化に前向きなチームは当時から10億円近い運営費を出していた。それと同じことが、世界に冠たる大企業ぞろいの他のチームにできないわけがないと思えた。

最初から5000万円とか1億円プレーヤーを出そうという発想は正直なかった。優秀な選手でも1000万円クラス。それだって当時の感覚でいえば「日本リーグ時代に社員としてもらっていた給料と比べたら倍になった」という感じで、選手に訴える力はかなりのものになるはずだった。

プロチームになれば、人件費以外にスタジアムを借りたり、いろいろな集客イベントを打ったりする経費もかかってくるけれど、それらは先に示した試算の数字には盛り込まなかった。試算では運営費を2億9000万円としたが、実際はもっとかかるはずだった。でも、いきなりいろいろな数字を出せば、当然、親会社の財布の紐はきつくなる。プロ化のレールに載せるのには、それはまずいことだった。

試算で赤字分を2億5000万円としたのは、当時のリサーチで、どの会社もチーム運営に3億円前後のカネを最低でも使っていたからだった。各チームの実行委員が「プロになっても会社の負担はそんなに変わらない」と胸を張って言える数字にしておく必要があった。本気でプロリーグに取り組めば、経費の総額は8億円くらいになると思っていたが、それは胸の奥にしまった。

それに、仮に一時的には会社の負担する額が2倍や3倍になっても、終身雇用からプロ契約に選手との関係が変われば、会社にしてもトータルで考えれば、負担は軽減されるメリットがあった。引退後の選手の処遇は会社にとっても悩みの種だったから、そこから解放されると強調することもできた。

川淵さんを総務主事に迎えた第2次活性化委員会は、昭和から平成をまたぐ形で、88（昭和63）年10月3日から89（平成元）年3月13日まで8回にわたって開かれ、最後に23ページの報告書をまとめた。

第1次との最大の違いは「プロ選手だけで構成されたプロチームによるスペシャルリーグ」という名のプロリーグを92年秋にスタートさせると明示したことだった。報告書には2002年W杯開催国が決まる1996年を起点にしたタイムスケジュールも添付され、プロリーグは、招致を目指すW杯と連動したプランであることも内外に示された。

報告書の中でプロリーグ設立の目的を「サッカーに社会的関心が高まり、国際交流の促進があって、最後、市民スポーツとしての象徴になる」と謳った。書いた本人たちが驚くほどそのとおりになったが、当時はとにかく周りを説得する大義名分がほしいと必死だった。W杯という巨大なイベントと連動させれば、これくらいの大風呂敷を広げても当然だという気分だった。とにかくプロリーグをつくることが大命題だった。

第1次活性化委員会がまとめた提案書はほとんど無視された感じだった。JSLの評議員たちには「なんだ、これ？」みたいな言い方をされていた。プロ化というお題目を唱える狂信的な人間の集まりと思われたのがシャクで、第2次活性化委員会のメンバーは前回と同じ9人に川淵さんとプロ化に積極的な全日空の泉信一郎さんに加え、プロ化に消極的だったNKKの実行委員の阿部豊さん、ヤンマーの有村宏三郎さんにも入ってもらった。

何かが起きる予感

元号が昭和から平成に改まった直後の89年2月26日、JSL後期開幕戦を「読売×三菱」「日産×ヤマハ」のダブルヘッダーで行った。会場の国立競技場を満員にしようとお客さんを無料で招待した。タレントの明石家さんまさんを告知ポスターに使い、当時としては精一杯のキャンペーンを行い、3万人のお客さんが集まってくれた。発表はJSL最多記録として4万1000人とした。3月13日に第2次活性化委員会を終える直前のこと。お客さんも何か新しいことが日本サッカーに起きる予感を持ってくれていた。

一方、5月22日に1次予選がスタートしたW杯イタリア大会のアジア予選はまたも不首尾に終わった。横山謙三監督に率いられた日本代表は香港、インドネシア、北朝鮮と同じ組で最終予選に進めなかった。勝てたのはホームの北朝鮮戦（2―1）と、相手の監督に「ここはドッグレース場なのか」とバカにされるくらい凸凹だった西が丘サッカー場で5―0とインドネシアを下した試合だけだった。6月25日には平壌で北朝鮮に0―2で完敗した。

第2次活性化委員会の報告書も、日本サッカーリーグ評議会では第1次の際と同様、「何が出て来たの？」という感じで扱われた。評議会の細川泰嗣議長は日産自動車の副社長でわれわれの理解者だったが、そういう人は少数派だった。

突破口になったのは、リーグのプロ化をＪＳＬではなく、日本サッカー協会で取り扱うように定めたことだった。尽力してくれたのは当時、協会の副会長だった長沼健さんだった。ＪＳＬでいくら揉んでも最高議決機関である評議会が首を縦に振らない限り、永遠に事は前に進まない。それならばＪＳＬの上部組織である日本サッカー協会理事会の議題にのせ、協会の検討課題にして中身を詰めていったほうがはるかに建設的だと、長沼さんや岡野俊一郎さん、村田忠男さんらが川淵さんらと語らって実現に動いてくれたのだった。

各チームの本社の意向は多少無視することにはなるが、日本サッカーの現実を直視するとプロリーグに発展させる以外の打開策はなかった。協会は協会で、夢のW杯を実現させるためにもプロリーグは必要だった。この頃にはプロリーグとW杯は完全に車の両輪としてわれわれには認識されていた。それだけみんな、必死だったわけである。

それに活性化委員会の報告書をまとめるに当たっては、平木隆三さんら協会の強化畑の人たちの意見もしっかり採り入れていた。プロ化は強化関係者の願いでもあるわけだから、協会マターにすることは筋論としてもおかしくはなかった。

89年6月の日本サッカー協会理事会に出席した川淵さんの話では、いつもは理事会でめったに意見を言わない役員が口を開き、「プロ化なんてことをやる必要が本当にあるのか」という異論を唱えたらしい。川淵さんは「プロ化をしようというんじゃない。プロ化をしたらどうなるか検討しようと言っているだけです。検討することもダメというのはおかしくないですか」と反論して理事会の空気を変えたそうだ。そうして協会内に「プロリーグ検討委員会」を設置することが認められた。理事会後、長沼さんは川淵さんのところにやって来て「良かったな。検討委員会はすぐに開設準備委員会に切り替えてやるから」と喜んでくれたそうだ。

検討委員会をつくると、最初にプロリーグの参加条件を精査することから始めた。89年10月にJSL1部、2部の全チームに参加を希望するかどうかのアンケート用紙を送付した。

すると11月末には10チームから参加希望の返事が届いた。これには大いに勇気づけられた。10チームあれば、プロリーグとしてとりあえずやっていけそうだったからだ。

翌90年4月には藤田静夫日本サッカー協会会長の名前で全国の都道府県協会に正式な参加意志確認文書と「プロリーグ設立に伴う自治体との連携について」という文書を送った。プロリーグに参加する意志があるチームに対して、旧来の発想ではなく、フランチャイズというものを意識して、拠って立つ基盤となる自治体との連携をうまくとらないと、名乗りを上げても認められない可能性を示唆するものだった。

これは最初のアンケートの段階より格段にハードルを上げることを意味したが、にもかかわらず、6月の最終回答期限までに10も増えて20チームから参加希望が寄せられた。参加条件には、⑴団体の法人化（社内の運動部から独立した組織への移行）、⑵フランチャイズ制の確立（地域に根ざしたクラブへの転換）、⑶スタジアムの確保、⑷ユースなど下部組織の整備、⑸プロ選手の18人以上の保有と協会公認のライセンスを有する指導陣の用意など、かなり強気の内容だったが、それでも20チームから応募があったのだから、うれしい悲鳴を上げることになった。

勢いを得たわれわれは、そこから選別という予想外の作業を進めなければならなくなった。いくらなんでも初年度から20チームでスタートというのは無理があると思ったのだ。プロの名に値するサッカー選手がそんなに日本にいるとは思えなかった。水増し感ではなく、絞りに絞った精鋭ぞろいのイメージがプロリーグ初年度には必要だった。

名称Jリーグに決定!

そこで90年8月にはプロリーグ検討委員会の中に「プロ対策本部」(本部長・長沼健日本サッカー協会副会長)を設置し、ヒアリングを実施していくことになった。ヒアリングは8月13日から91年1月21日までの間に3回行われ、その採点結果をもとに、91年2月14日に日本サッカー協会理事会で参加10チームを承認し、大々的に発表された。

その10チームとは住友金属(茨城県鹿島町、現鹿嶋市)、全日空スポーツ(神奈川県横浜市、九州地区)、三菱自動車(埼玉県浦和市、現さいたま市)、古河電工・JR東日本(千葉県市原市)、読売サッカークラブ(神奈川県川崎市)、日産自動車(神奈川県横浜市)、トヨタ(愛知県名古屋市)、清水FC(静岡県清水市、現静岡市)、松下電器(大阪府吹田市)、マツダ(広島県広島市)だった。

私の古巣、古河電工もJR東日本とタッグを組んでプロ入りに成功した。古河本社の企画常務会にサッカー部の部長として出席し、プロ化の説明を行った際に「古河はアマチュアのナンバーワンでいいのではないか」という発言があり、これは何らかの手を打たないと難しいと感じた。

そこで、後にJR東日本の副社長から、りそな銀行の会長になって大活躍される細谷英二さんに共闘を持ちかけた。細谷さんは当時、JR東日本の経営管理部長で、サッカー部の部長でもあった。旧知の細谷さんと飯田橋の「三田」という店の2階で落ち合い、こちらは監督だった清雲栄純も連れていき、将来のプロリーグについて古河と一緒にやってもらえないかと頼み込んだ。

細谷さんはその話を当時のJR東日本の山下勇会長（日本サッカー後援会の会長でもあった）、住田正二社長に持っていき、前向きな返事がもらえたのだった。JRが乗ってくれたことで古河の方もGOサインが出た。

後で聞いたところでは、民営化後のJRは「国鉄スワローズ復活」の夢を追いかけていて、プロ野球への参入を真剣に考えていたが、球界の実力者から球団を増やす気はないと告げられ、あきらめたとのことだった。

このころから、プロになる選手に対して責任を持つつもりで、私も古河を辞める覚悟を持つようになっていた。

この決定を受けてプロリーグ検討委員会はその役割を終え、3月1日からプロリーグ設立準備室が開設され、4ヵ月後の7月1日にはリーグの正式名称が「Jリーグ」になることも発表されたのだった。11月1日には「社団法人日本プロサッカーリーグ」が正式発足した。

今から振り返っても、どうしてこんなにトントン拍子に事が運んだのか不思議な気持ちになる。

一つにはW杯メキシコ大会、ソウル五輪、W杯イタリア大会と出る予選にことごとく負けた、というのが、ある意味で〝追い風〟になった。反省や自責の念は積もりに積もり、噴出口を求めるエネルギーは相当溜まっていた。これが予選のどれか一つでも勝っていたら「プロ化なんかしなくても、やり方次第で勝てるじゃないか」と一蹴されていたことだろう。

長沼さん、岡野さん、平木さん、村田さんら日本サッカー協会の中核を成す人たちが、こちら側についてくれたのは非常に大きかったと思う。協会が主導し始めると、プロ化は、一部の跳ねっ返りの過激思想ではなく、協会として日本サッカーをこうしたいと考えている、という力を持ち始めた。外部に対する発信力も活性化委員会の頃とは全然違った。協会がオーソライズした意見なのだから「これは本気なんだな」ということになったのだと思う。

そして、W杯招致とのリンク。これはフランチャイズとしてクラブのパートナーになる自治体に対して、かなりの訴求力を持ったように思う。1都市開催の五輪と違って、W杯は全国展開するから、日本開催が実現すれば、開催都市に選ばれる可能性は五輪より高い。プロリーグのフランチャイズはW杯の開催都市になる可能性が高まる。そんなこんなが全部重なって、いつしか「バスに乗り遅れるな」という気運が満ちていったのだと思う。最初は「ウチはプロ化をしません」と断ってきたマツダ（現サンフレッチェ広島）も途中から「是非入れてくれ」と変わったくらいだから。

企業の側の思惑ということで言うと、当時はバブル経済が全盛のころ。余ったおカネが手元にあり、使い道に困っていた。その結果、メセナやフィランソロピーという言葉が流行し、パトロン的な立場で文化を支援するのは当たり前という風潮も広がっていた。その流れにJリーグもうまく乗ることができたのだろう。

そうでなければ、新しいプロリーグでは企業名をチーム名から外す、その代わり愛称をつけるという、従来の流れからすればとんでもない提案を、企業側がこぞって受け入れるなどということは起こらなかったと思う。企業の側にも地域貢献や文化支援をこういう形でやってもいいとのマインドが確実に醸成されていた。それが予想以上の応援につながったように思うのである。

ちなみに、企業名をチーム名から外すことについては、あらゆる角度から検証した。プロ野球が企業名を名乗るのは、球団経営の赤字を広告宣伝費として補塡するのに必要という論法が当時は力を持っていた。われわれもそれが事実なら企業名を外すのは難しいと思い、国税庁に尋ねたら、別に「トヨタ・グランパスエイト」というふうに企業名を名乗る必要はなく、ユニホームのどこかに「トヨタ」という名がスポンサー名として入っていれば、それで問題ないという回答を得たのだった。

そうなると、企業名は外して地域＋愛称の名前にして、試合に使うスタジアムを優先的に使える関係を地方自治体と取り結んだ方がメリットがあるのではないか、という判断になったのである。試合で使えるスタジアムは当時、100％といっていいくらい自治体の持ち物だったからだ。「サッカーになぜ優先的に使わせる」と仮に住民から文句が出ても「Jクラブは自治体のアピールに一役買ってくれている」と答えられるようにする必要があった。

このころは協会の財政基盤も安定していた。キリンカップやトヨタカップ（現FIFAクラブワールドカップ）のような安定的な収入を得られる大会があり、取引先の支払いを先延ばしにするような団体ではなくなっていた。当時の協会の基本金は1億円だったが、それと同額のおカネが大会を開催すると入ってくるようになっていた。

日本代表の成績はパッとしなくても、トヨタカップや全国高校サッカー選手権大会では国立競技場が満員になったりした時代でもあった。つまり潜在的なサッカーファンはかなりいて、面白いサッカー、真剣味あふれるサッカーを見せてくれるなら足を運ぶよ、という層は確実にいるという計算もあった。

現実にプロリーグ創設はファンに大きな夢を与えたようだった。92年3月22日の「読売対日産」は、読売の優勝が決まった後の消化試合だったにもかかわらず、国立競技場が6万人の観衆で埋まった。このシーズンを最後にＪＳＬは27年間の歴史に幕を下ろしたのだが、寂しいというような感傷は私には一切なかった。この日、集まった6万人のファンと同じく、私も新しいプロリーグの到来をわくわくするような気持ちで待っていたのである。

第二章　平成前史「昭和のサッカー」覚え書き

第７代FIFA会長（1974年就任）ジョアン・アベランジェ氏と

「カネがないから何とかしろ」

平成のサッカーを語るにあたって、その一つ前の「昭和のサッカー」について記しておきたい。平成のサッカーがこれほどの発展を遂げた前史として、どうしても知っておいてもらいたいことがあるからだ。

東京都渋谷区神南1―1―1。

この住所に1964（昭和39）年にできた「岸記念体育会館」と呼ばれる建物がある。昔は「アマチュアスポーツの総本山」と呼ばれ、公益財団法人日本体育協会や、オリンピック（五輪）で活躍する日本代表選手を強化し派遣の窓口にもなる日本オリンピック委員会（JOC）の事務局が入居する地上5階、地下1階建てのビルである。

この建物には日本陸上競技連盟や日本水泳連盟など各競技団体の事務局も置かれており、日本サッカー協会（JFA）も1994年に東京都渋谷区道玄坂の五島育英会ビルに引っ越すまで、ずっとこの会館の〝店子〟だった。JFAにまったくカネがない時代、格安の家賃で居候させてくれる〝大家〟はとてもありがたい存在だった。

JFAの事務局は会館内の3階にあった。部屋の広さは10坪程度。10人ほどの職員が机を並べて座ると目一杯という感じで全員が肩を寄せ合いながら仕事をしていた。部屋の広さは隣の日本陸連のほうが倍はあったように思う。

その薄暗い部屋でよく話していたのが金策だった。

「今月もカネがない」

「どうする？　あそこへの支払い」

「健さん（長沼健さん）に頼んで、待ってもらうしかないな」

月末になると、私もその一人である財務委員会のメンバーが日本サッカー協会に集まって額を寄せ合い、そんなしみったれた会話をしていた。


国鉄（現ＪＲ）や電電公社（現ＮＴＴ）に銅線などを売っていた古河電工に私が入社したのは１９６２年のことである。そんなお堅い会社にサッカー部やアイスホッケー部やバレー部があることを知るのは入社後のことだった。当時の私はスポーツにさして深い関心など持っていなかった。

それは幼いころから育った環境と関係があるのかもしれない。

うちの元々の家業は山形県酒田市の廻船問屋。しかし、祖父金之助が自分の代で店を畳み、数学者の道を選んだことは孫の私の航路も大きく変えた。祖父は大正時代にフランス留学を経験、著作の『日本の数学』は桑原武夫さんが編纂した中公新書『日本の名著』に収められているくらいだから、たいした先生だったのだと思う。

父の真美も学究肌だったようで、中央公論社が出していた「自然」という科学雑誌の編集長になるような人だった。でっち上げによる摘発で出版社の編集者や新聞記者たちが獄につながれ、特高警察の拷問で獄死する者まで出た、戦中の思想弾圧として有名な「横浜事件」を目の当たりにしたために大の政治嫌い。京都大学の仏文を中退して松竹に入ろうとしたほどの映画好きでもあり、東京新聞に映画評を書いたりもしていた。

そういう父の影響を受けてか、どちらかというと私も映画少年で、都立西高から早稲田大学政治経済学部に進んでもスポーツと縁のない学生生活を過ごしていた。学生時代に力を入れたのは英会話で、ビジネス・イングリッシュ・アソシエーションというサークルに所属して日曜日には永田町の教会に通い、外国人を見つけては話しかけ、度胸をつけたものだった。ゼミは小松雅雄教授の「経済政策」に入れてもらい、「これからの日本はメーカーが支える」と考え、就職先には古河電工を選択したのだった。

入社後、配属されたのは経理部だった。当時、新入社員は全員、独身寮に入るのが習わしだった。私が入寮した横浜の寮には同期に中央大学の上野佳昭、1期上に川淵三郎さん、宮本征勝さん、さらにその1期上の鎌田光夫さんなど、サッカー部の人間が大勢いた。寮の裏手に小学校があって、会社が終わると選手たちは校庭でボールを蹴っていた。そこですることともなくて球拾いを手伝ったりしているうちにどんどんサッカー部員と仲良くなっていった。

広報部には東京五輪監督で68年メキシコ五輪では銅メダルを獲得する長沼健さんもいて、そんな環境だから自然にお近づきになれた。長沼さんは後に日本サッカー協会の専務理事や会長職を務められることになる。

サッカー部の試合に暇を見つけては応援に駆けつけ、チームが遠征すると地方までくっついていった。ほとんど「おっかけ」である。そうこうするうちに「そんなに好きなら、部の運営を手伝えよ」と川淵さんに誘われ、仲間に引き入れられ、マネジャーのまねごとをするようになった。やがて、日本サッカーリーグの運営委員、常任運営委員を仰せつかるようにもなったのだった。

日本リーグの運営に関わり始めたころ、リーグ事務局でボスに当たる総務主事は「ロクさん」こと高橋英辰さんだった。日本リーグの名門、日立製作所サッカー部（現柏レイソル）を「走る日立」として常勝チームに鍛え上げた名指導者だった。そうこうするうちに、日本サッカー協会のほうにも、専務理事となった長沼さんに「カネがないから何とかしろ」と言われて財務委員会のメンバーに引っ張りこまれた。

協会のおカネの出入りを調べて腰を抜かした。本当にカネがなかったのだ。

恥をしのんで告白すると、迷惑をかけたのは取引先の業者さんたちにだった。今ほど頻繁ではないものの、代表チームは国内合宿や海外遠征を行っていた。その際、代理店として一切を取り仕切ってくれたのが西鉄旅行の渋谷支店だった。その西鉄旅行に、かかったおカネを払えないのである。

毎月、月末になると財務委員会の面々は岸記念体育会館内の協会事務局に集合する。その輪に協会の経理を担当していた長谷川美智子さんも加わって関係各所への支払いを協議するわけだ。そこで資金繰りをしながら「ここにいくら」「あそこにはこれだけ」とちょっとずつ払うものを決めていく。

でも、返したそばから（といってもたいした額ではないのだが）、ユース代表の次の海外遠征などがやってくる。そうすると西鉄さんには前の遠征の費用も全部払い終えていないのに、次の遠征のアレンジを頼むことになる。

そういう電話をするのは専務理事の長沼さんの仕事だった。「健さんが言えば、相手も我慢するからさ」と皆で言っては押しつけていた。

「もしもし、あ、サブちゃん、こんばんは。長沼です。また今月も、ダメなんだよなあ」

健さんの相手は渋谷支店の井上三郎さんという支店長だった。

そんなこんなで一時期、西鉄さんには未払いのおカネをウン千万円と膨らませてしまったこともある。もう、われわれのせいで井上さんのクビが飛ぶんじゃないかと、長沼さんや長沼さんの後に日本サッカー協会会長に就任する岡野俊一郎さんとも真剣に心配したものだった。それだけに井上さんが本社に戻り、最終的に常務にまでなられたと聞いたときは、皆で手を取り合って喜んだ。

日本サッカー協会赤貧の時代、一番の恩義というと西鉄さんに借りたものになるだろう。

スポーツ用具メーカーにも迷惑をかけた。今は代表のユニホームはアディダスの一社独占だが、当時はデサント、アシックス、プーマと3社で持ち回りにしてもらっていた。が、物品を納入してもらっても彼らにもおカネが払えない。「踏み倒し」と言われても反論できないような状況で、まさに「出世払い」と称して何とか辛抱してもらっていた。「出世」するアテなどまったくなかったのに。

断っておくが、借金を本当に踏み倒したわけではない。それらのカネは後にすべてきれいさっぱり返すことができた。

その借金返済に大きく貢献してくれたのが「サッカーの王様」と呼ばれるブラジル代表のペレであり、日本が生んだ最高のストライカーである釜本邦茂さんの存在だった。

ペレの引退試合が超満員

70年代の終わりから80年代にかけて、日本のサッカーを取り巻く環境は急速に変わっていった。

転機になった一つ目がキング・ペレの現役引退試合を日本で開催したことだった。77（昭和52）年9月14日に東京・国立競技場で開かれたこの試合は当時ペレが所属していたニューヨーク・コスモスと日本代表の間で行われ、釜本選手の日本代表引退試合も兼ねることになった。当時のコスモスには西ドイツ（当時）の「皇帝」フランツ・ベッケンバウアーもいてスタンドを超満員にした。

コスモスのペレ引退世界ツアーに日本を加えさせたのは西郷隆実さん、高橋治之さんら広告代理店、電通の伝説の広告マンだった。サントリーをスポンサーにして国立競技場に7万人近い人を集めた。消防法が厳しくなった今は定員を超える人をスタジアムに入れるわけにはいかなくなったから、この時記録した数字は国立競技場の歴代最多のはずである。

この試合は7000万円の純益を協会にもたらした。協会の懐具合はここから好転していった。まさに干天の慈雨だった。

さらに、翌78年にスタートしたのがキリン（麒麟麦酒）とのパートナーシップ。海外のクラブチームを複数招き、日本代表を交えてリーグ戦形式で戦わせる「ジャパンカップ（後のキリンカップ）」の協賛を引き受けてもらう形で始まった。それがきっかけになってキリンと今に連なる強固な絆ができたのだから、縁というのは本当に不思議なものである。フル代表の強化の手助けから始まって、今では五輪代表、女子、アンダーエージ、草の根レベルのサッカーにまで支援の輪を広げてくれている。一つの企業が一つの競技団体とこれほど長期にわたってパートナーになっている例は世界的にも希と聞く。

「ペレ・サヨナラ・ゲーム・イン・ジャパン」を成功させた高橋さんが次に組んだ相手がFIFA（国際サッカー連盟）だった。今ではIOC（国際オリンピック委員会）と並んで世界最強のスポーツ団体と認められているが、当時はまだ今と比べたら牧歌的なものだった。会長は74年からブラジル人のジョアン・アベランジェに代わっていた。前任のサー・スタンリー・ラウス会長は英国人で当時としては普通の感覚だったのだろうが、今から見ると保守的な考えの持ち主だった。

一方、アベランジェ新会長はサッカーのマーケットをもっと大きく拡大できないかと考えていた。この新会長の下で、例えばワールドカップ（W杯）は16から24、24から32へと出場チーム数は拡大したし、アンダーエージのW杯や女子のW杯なども増設されていった。

そんな新会長の公約の一つにワールドユース（現FIFAU-20W杯）の新設があった。

77年にチュニジアで第1回を開催したばかり。2年に1回のこの大会を高橋さんたちが動いて日本に持ってくることになった。

ワールドユース日本開催

79年に日本でワールドユースを開催し、第1回大会より大いに盛り上がったことは後々、大きな恩恵を日本にもたらしたと思う。この大会には若き日のディエゴ・マラドーナが颯爽と登場、その超人的なプレーで見事にアルゼンチンを優勝に導いた。日本も松本育夫監督に率いられた選手たちが善戦健闘、水沼貴史、柱谷幸一、風間八宏、宮内聡、尾崎加寿夫、金子久など、後の日本代表の主力へと巣立っていった者が多い。

そして何より、日本のきちんとした大会運営能力がＦＩＦＡに高く評価され、アベランジェ会長（故人）や当時は技術委員長だったヨゼフ・ブラッター（アベランジェの後のＦＩＦＡ会長）、「南米のドン」と言われたアルゼンチン協会のフリオ・グロンドーナ会長（故人）らが「親日家」になるきっかけをつくってくれた。これは後にワールドカップの開催を日本が目指すことになったとき、大きな財産になったように思う。

当時の懐具合を考えると、財政的に非常に苦しい中での大会開催だった。電通の協力を得てなんとか無事に終えられたが、日本のサッカーファンが本質的なところで外国の一流のものを欲していることを鍋島徳行さん、高橋さんたち敏腕広告マンたちは見抜いていたようだった。

彼らが次に狙いをつけたのは欧州と南米のクラブチャンピオンを日本で激突させることだった。

欧州のチャンピオンズカップ（現在はUEFAチャンピオンズリーグに発展）の覇者と南米のリベルタドーレスカップの覇者が「世界一」の座を懸けて争う「インターコンチネンタルカップ」は60年に始まり、79年まで続いていたが、アウェーに乗り込む欧州王者に対する南米側の選手、観客の乱暴狼藉があまりにひどく、欧州王者が遠征を拒むようになり、形骸化していた。それをニュートラルな日本で1本勝負をやらせようというアイデアだった。

スポンサーにトヨタがついて「トヨタカップ」としてスタートしたのが81年2月のこと。欧州王者はイングランドのノッティンガム・フォレスト、南米王者はウルグアイのナシオナル・モンテビデオで勝ったのはナシオナルだった。東京の国立競技場は超満員で日本のサッカーファンは「本物のサッカー」に酔いしれた。第6回（85年）に当時飛ぶ鳥を落とす勢いだったイタリアのユベントスがフランス代表のミシェル・プラティニとともに出場したあたりで人気は不動のものになった。

こういう国際的なイベントをテコにして協会の財政事情は大きく好転していった。

赤貧の時代から今に至るまで、地味だけれど協会の活動を支えてくれたものに日本サッカー後援会と協会の選手登録費がある。テレビの放映権料や広告スポンサーで潤う前、この2つでサッカー協会は何とか食いつないでいたといっても過言ではない。

協会は年度始まりの4月から5月にかけて一応、年間にどれだけの実入りがあり、どれだけの支出があるかを組み上げる。しかし、スポーツ興行の収入というのは本当に落差があって、例えば、雨が降ればそれだけ客足に影響してしまう。キリンカップやトヨタカップなど当時「冠大会」と呼ばれたスポンサー収入によって自信を持って暮らせるようにはなったものの、天皇杯（全日本サッカー選手権大会）などは相変わらず。

そこで選手を鍛える安定的な元手がほしいとひねり出されたのが、日本代表の後援会をつくり、会費を徴収することだった。

日本サッカー後援会は77年に、代表戦などのチケットの優先販売を見返りに会員から年1万円の会費を徴収し、それをプールして日本代表選手の強化資金に充てるためにつくられた。

会員は、それはもう手当たり次第という感じでかき集められた。日本リーグの選手はもちろん、その家族や選手が所属する企業の関係者、もう頼れる者には全員声をかけるという感じだった。個人以外にも日本リーグ加盟の企業からは法人会員として10万円程度のおカネを集めた。

私も個人会員の一人だったが、後に返上させられた。協会の専務理事になっていた97年ごろ、後援会の事務局長がやってきて「代表人気の高まりとともに後援会の入会希望者がどんどん増えている。かといって、青天井でこれ以上増やすわけにはいかない。つきましては会員の見直しをしている。小倉さんみたいに自分で観られる人は返上してください」と言われたのだ。

協会が選手を個人登録にし、チーム単位ではなく個人から登録料を徴収するようになったのは78年からだ。そもそもの発想は自分たちが潤うことを最優先したのではない。日本協会の傘下には各県の地方協会があり、地方は地方で独自の活動を行っている。その資金をどうつくるかとなったとき、協会の登録料をチーム単位から個人単位に変えて増収を図りつつ、その何割かを実際に現場で徴収する地方協会に割り戻すことを考えたのだった。

後援会費や登録費に頼っていた70年代は日本のスポーツ界自体がアマチュア全盛の時代からプロ化への道に切り替わる端境期だったように思う。

スポンサーとかテレビ放映権ビジネスなどというものはわれわれからすれば遠い世界の出来事という感じだった。

例えば、今では当たり前のようにピッチを取り巻いている広告の看板。テレビでの露出をそうやって約束する代わりに看板を出すスポンサーからフィーをいただく。これ一つ実現させることですら相当もめた時代だった。国立競技場が「公の場所である国立競技場に企業宣伝の看板を掲示することなどまかりならぬ」と真剣に息巻いていたくらいだ。それらを全部ブレークスルーしていったのはトヨタカップやキリンカップだった。

今は昔、昭和の企業スポーツ

私自身のことについて触れると、古河電工というスポーツに理解のある会社の中で社業とサッカー部の活動を楽しく両立できていた。

両立といっても、平日は仕事があるから、最初は週末専用のマネジャーのような感じだった。やっていたことは大学の体育会運動部のそれと大して変わらない。私より5つくらい年長の西本八寿雄さんというケガで選手生活を断念された人が先輩マネジャーとしていて、その人のお手伝いという形から入っていった。

実業団のサッカー部は部長、監督、コーチ、マネジャーに、いろいろな雑用を仕方なくやってくれる感じの広報部の女子社員がいて、というような総勢5～6人の小所帯。で、マネジャーの仕事はというと、まずはグラウンドの確保が最優先。自分たちの専用の練習場を持っているチームなんて一つもない時代だったから、どうにかして手当てする必要があった。

今のJリーガーのように毎日練習するわけではないが、週末の練習場の確保はマストのミッションだった。

部の活動予算を組んで決算も担当した。毎月、会社から福利厚生費の一環として部の活動費が定額で下りてくる。それに試合の遠征が加わると別途、遠征費が支給された。そういうおカネの出入りを帳簿につけて、部の銀行口座と合わせて管理した。

部室なんて気の利いたものはなかった。私がマネジャーになりたてのころは広報課長が古河電工サッカー部生みの親であり、日本リーグを発足させた中心人物の一人でもあった西村章一さんで、長沼健さんが広報課長補佐だったから、選手も私もしょっちゅう広報部に入り浸っていた。

練習試合は長沼さんや監督同士が連絡を取り合って、「いつ、どこそこでやろう」と決めてくる。それを私が引き取って月間の練習計画表を作成して選手に配付する。サッカー部の部長である役員にも持っていく。

私が配属された経理部もサッカー好きの巣窟だった。後に代々の経理部長はサッカー部後援会長になるのが慣わしになる。サッカー部につける予算を上乗せしたり、取引先の銀行のグラウンドを借りたりするのに経理部にサッカー好きの人間がいるのは何かと都合が良かったのだ。

当時、東京都内で立派なグラウンドを持っているといえば、日本長期信用銀行とか第一勧業銀行などの銀行だった。経理部で銀行担当の窓口でもあった私は「預金をいくらするから週に1回、そちら様のグラウンドを貸してほしい」と交渉をした。

後で聞いた話では、川淵さんが私をサッカー部に引き入れた理由に、「あいつは会社で決算を担当しているから社内のおカネの動きに明るい」「銀行にも顔が利くんじゃないか」というのがあったらしい。「そういう役目の人間がこれからの時代には要る」と。このころから、川淵さんの時代を先取りするセンスは優れたものがあった。

「グラウンドとおカネ」。練習と試合ができる場所の確保とクラブを運営していく資金の手当て。考えてみれば、これはJリーグにも通じる、クラブの二大根幹といえる。この土台があって選手育成がうまくいけば、怖いものはない。

私をサッカー部に引き入れた川淵さんたちは、入社3年後には東京五輪が控えていた。世界のお祭りがやってくる高揚感が日本の社会を包んでいた。選手たちのサポートをすることに熱中したのは、そういう時代背景があったような気もする。今から思うと、五輪の候補選手たちと寮で寝食を共にするというのもなかなか贅沢な話かもしれない。

サポーターからマネジャーに転じたことで休みは削られた。平日は真面目に会社の仕事をして、週末はチームの裏方業にいそしむわけだから土日はほとんどつぶれる。でも、不思議なことにそれがまったく苦にはならなかった。むしろ、サッカーという競技が持つ悪魔的な魅力にとりつかれたのか、週末が待ち遠しくて仕方なくなった。

サッカーの世界での仕事に打ち込む一方、古河電工では経理畑を主に歩いていた。会計課長、財務課長をやってそれなりに社業にも打ち込んだつもりだった。しかし、2015年に当時の経理部にいた人間が30人くらい集まったパーティがあって、昔の上司や同僚、部下たちと話したら、随分と自分の記憶と違うことに驚いた。

みんなが言うには「小倉さんはひどかった」と。

「何が」と聞くと、

「決算の忙しい時期にみんなが休日出勤しているときでも、小倉さんは日本リーグを観に行っていた」

「新入社員が部に配属されると真っ先に言うことが、『日本サッカー後援会と古河電工サッカー部の後援会に入れ』という勧誘だった」

「私が新人で入ったときに最初にさせられた仕事は、会社の仕事とは何の関係もない、後援会の帳簿付けでした。最初の1年間、会社の仕事をさせられたことは一度もなかった」

と、袋だたきにあった。

「そんなにひどかったっけ、おれ？」

みんなが言うには、仕事とサッカーが渾然一体になっていて、もうどこまでが仕事でどこからがサッカーなのかよくわからなかったらしい。

聞けば聞くほど、変なサラリーマンだったのだと思う。

東京五輪の開会式は日劇の劇場で観た。期末決算で残業の連続という中で、「とにかく開会式はみんなで観なくちゃ！」と。

それで徹夜で仕事して、そこから日劇の大画面で、今でいうパブリックビューイングとして開会式を若手社員総出で観た。今ではもう考えられないような行動かもしれない。

そうやっていろいろな話を聞きながら、自分の来し方を振り返ってみると、古河電工という会社とサッカー部は私を本当に大きく自由に育ててくれた場所だということに思いは至る。まさに私の故郷という感じがする。

サッカーと深くコミットすることになったという意味では6年間に及ぶイギリス駐在も大きかった。１９８１（昭和56）年、私の上司だった元経理部長で、後に社長になられた舟橋正夫さんに呼び出され、「おまえに転勤の話がある。ブラジル、ニューヨーク、ロンドン、行きたい場所を一つ選べ」と言われた。ためらうことなくロンドンを選んだのはイングランドがサッカー発祥の地で、まさに本場の中の本場だったからだ。実際、ロンドンでの暮らしは私のサッカーに対する愛情をさらに深いものにしてくれた。

6年後の話になるが、日本に戻った私は古河電工サッカー部の部長に就任し、さらに翌88（昭和63）年には日本サッカーリーグ（JSL）の活性化委員会委員長に就くことになる。そこから先はサッカーのプロ化を念頭に置いた活動を活発に行うことになるのだが、これらの活動に英国で過ごした経験が生きたことは言うまでもない。

トヨタカップ日本開催開始

ちなみに、英国に旅立つ前、最後に日本で観た試合が81年の第1回トヨタカップだった。イングランドのノッティンガム・フォレストをウルグアイのナシオナル・モンテビデオが1—0で下した。同年12月に行われた第2回もジーコが絶好調だったブラジルのフラメンゴがリバプールを3—0で一蹴。翌82年の第3回もウルグアイのペニャロールがアストンビラを2—0で下した。イングランド勢は3連敗。

イングランドのチームが負けるたびに英国の新聞には「日本のスタジアムには芝がなかった」と書かれた。今のように夏芝と冬芝の二毛作にしてピッチを年間を通して緑の状態に保てる時代ではなかった。冬になると夏に植えた芝が枯れて茶色になる。剝げて土が露出しているところもある。それが英国人には理解不能だったのだ。テレビで世界中に流れたから相当に恥ずかしいことだったのだが、当時はそれを恥ずかしいと感じる人が日本では少数派だった。

それはさておき、ロンドンでの表の主な仕事は、所長として古河電工の製品の販路を見つけることと外債を金融街のシティやスイスで発行し、資金調達することだった。

この間、日本のサッカーとはちょっと距離ができたが、完全に切れたわけではなかった。赴任する前に長沼健さんたちに呼ばれて「日本サッカー協会国際委員」という名刺を渡された。

国際委員もまた完全なボランティア。サッカーは世界で最も競技人口が多いスポーツであり、いたるところでサッカーは行われている。国際交流や国際親善の機会は自然と多くなる。一度築いた関係が切れるのはもったいないから、いろいろなコネクションをたどってサッカー好きの在留邦人を探し出し、国際委員の役割を担ってもらって海外のサッカー関係者とのパイプの維持に努めてもらっていた。

現在のようにインターネットもメールも発達していない時代、海外情報は極端に不足していた。テレビや紙媒体を通じて入ってくるサッカー情報も今と比べると本当に乏しかった。対戦相手の情報を仕入れるだけでも大変な努力がいった。そういう情報不足は、ツテをあれこれたどって商社やメーカーが派遣している駐在員に埋めてもらったりしていたが、国際委員もまた大切な窓口になってくれていた。

ロンドン駐在となった私に期待されたことは、日本にヨーロッパから外国のチームを呼ぶ時の交渉役だった。逆に日本のチームがイギリスに来た時は、しっかりアテンドしてくれよ、ということだった。

ロンドン駐在員と国際委員。ロンドンでも二足の草鞋を履いたわけだが、本業はあくまでも駐在員の仕事であり、国際委員はあくまでボランティアだった。

しかし、これは英国に行ってしみじみ思ったことだが、ビジネストークをするときでもサッカーという入り口があると本当に楽だった。商談の潤滑油になった。

何といっても1863年に世界最古の「The　FA」を創設した国である。国名を冠さずにザ・フットボール・アソシエーションと名乗るだけでイングランドと認めさせる唯一無二の国。そういう国から見れば、東の端っこの日本でも、サッカー協会の名刺を持っているととても信用される。それがビジネスにも有形無形の好影響を与えてくれた。

例えば、日本人は社交下手、会話が苦手と一般的に言われるが、私がサッカー好きだと明かすと、相手は「そうなのか」と驚いて「どこのクラブをサポートしているんだ？」と質問攻めにして来る。後は相手が勝手に話を広げてくれるから会話が途切れるなんてことはまずない。サッカーの話で異様に盛り上がり、仕事の話が全然できないくらい。それで約束の時間の終わり頃に「ところで例の仕事の件なんだけど……」と切り出すと「仕事？　ああそれはもうオッケーだから」みたいな感じで済んでしまうことが本当にあった。

当時、ロンドンの日本人会に加盟していた会社は７００社くらいあったが、サッカー協会の名刺を持っていたのは私だけ。訪問した会社で名刺を出す場合には古河と一緒に国際委員の名刺も渡すようにしていた。そうすると古河の名刺だけでは会ってくれないようなお偉方との商談が成立する。効果は絶大だった。

そうなると私も仕事と並行してサッカーの勉強もしっかりするようになった。普通の現地駐在員は地下鉄ではフィナンシャル・タイムズを読むのだが、私はデイリー・メールとかサッカーの記事がたくさん載っている新聞を毎朝読む。そうするとどんどん知識が増え、試合を観に行く機会が増えると必然的に好きなクラブもできてくる。

当時のイングランドリーグはリバプールや、オズワルド・アルディレス（後にＪリーグの清水エスパルス、横浜Ｆ・マリノス、東京ヴェルディなどの監督を歴任）、スティーブ・ペリマン（後に清水の監督）らが活躍したトッテナム・ホットスパーが強かったころ。私の場合、仕事関係の弁護士からトッテナムを最初に紹介され、そこのシーズンチケットホルダーになった。

しばらくしてから、古河電工の選手をイングランドのプロチームの夏のキャンプに参加させることはできないかという話が持ち込まれた。どこのクラブがいいかリサーチすると、

「ウエストハム・ユナイテッドのジョン・ライルのところに行け」と紹介してくれる人がいた。私がシーズン前の夏のキャンプに古河の選手を参加させたいと言ったら、ウエストハムの監督だったライルは二つ返事で「いいよ」と引き受けてくれた。

ライルいわく、「自分たちはサッカー先進国の使命として発展途上国を育成する義務があるからな」。私がそんな相談を持ちかけた時、既にマレーシアからそういうアプレンティス（見習い）の選手を受け入れていた。当時の彼らの目には日本もマレーシアも同じレベルと映っていたのだろう。

サッカー発展途上国を育てるというと傲慢に聞こえるかもしれないが、彼らが偉いのはそういうことに対してまったく対価を求めないことだ。「いくらくれるの？」などと言わない。本物のジェントルマン。今でこそ、マンチェスター・ユナイテッドのサー・アレックス・ファーガソンさんが一つのクラブを指揮し続けた監督のリーグ記録を持っているが、それまではウエストハムのライル監督の14年が最長だった。それくらいクラブからもサポーターからも信頼された人だった。監督にそこまでされたら、ひいきのクラブも当然変わる。私はトッテナムではなくウエストハムのシーズンチケットを買って、それは日本に戻るまで続くことになった。

サッカー部員の短期海外留学制度を取り入れた古河が、第1号として選手を送り込んだ先はブラジルのパルメイラスで、渡ったのは奥寺康彦だった。76年新年早々のこの奥寺の2ヵ月間の短期留学も吉水法生さんという古河の駐在員（この人も協会の国際委員だった）の尽力で実現した。パルメイラスから戻った奥寺はたくましく変身し、瞬く間に古河の枠を超えて日本代表のエースにのし上がる。77年10月に奥寺が西ドイツ（当時）の1FCケルンに移籍する大きなジャンピングボードになったのがこの短期留学だった。

奥寺の成功例を見て、この後も川本治、木口茂一らがパルメイラスへ留学したが、私がロンドンに行ったことで選択肢にイングランドが加わったのだろう。83年夏から毎年2人ずつ、小林寛と宮部和弘に始まり、池田誠剛と諏訪辺厚宜、渋谷洋樹と五十嵐和也、岡田武史と加藤好男がウエストハムのお世話になった。岡田は「一つのクラブだけじゃわからない。ほかのクラブの練習にも参加したい」と訴えてきて、当時から向上心、研究心の強い男だった。

本場のサッカー協会から学んだこと

サッカー界での人脈も広がった。イングランドサッカー協会はもちろんのこと、特に懇意になったウエストハムはクラブハウスのどこでも出入り自由となった。監督のジョン・ライルが私を気に入ってくれたのが大きかった。監督室にも気軽に入れてくれた。

スタジアムでも同じ。試合が終わると監督室に直行。記者会見が終わるまで待って、そこで一緒にお茶をしていると相手の監督までやって来た。そこで「お前んとこのあの選手、最近使ってないよな。もう使う気はないのか。だったらうちに寄越せ」なんてトレード話をいきなり始める。当時の監督にはそれだけの権限があり（おそらく、その古き良き伝統の最後の体現者がサー・アレックス・ファーガソンだったのだと思う）、試合が終わると本当に胸襟を開いて話し合う感じが「ノーサイドの精神」というか、スポーツマンシップに則った国だなと感心したものだ。

そういう牧歌的ともいえる風景もリーグの名称がプレミアリーグに変わり、法外なマネーの流入とともに勝利至上主義がはびこるようになって、すっかり失われてしまったように感じる。試合後の監督たちは殺伐として目と目を合わせようともしない。

それはさておき、ウエストハムは毎週水曜日に障害者向けに練習を公開していた。車椅子の子供の目の前でGKがすごいセーブを連発する。子供の目がみるみる輝く。知的障害者に対しても近くでサッカーを見せるのは良い刺激になるという考え方もあるようだった。スポーツをいろいろなことに役立てる、そういう懐の深さを備えていた。

シーズンチケットも法人接待用ばかりではなく、むしろ親から子、子から孫へと受け継がれたものであることが多かったように思う。リーグが始まれば隔週、自分が買ったシーズンチケットの席に座ることになる。周りもそう。となるとすぐに顔見知りになって仲良くなる。ある種のコミュニティが出来上がっていく。私も所用で観戦を休んだりすると「どこか具合でも悪かったのか？」と次に足を運んだときにあちこちから心配された。

親に連れられてサッカーを見始めた子供はやがて血気盛んな年ごろになるとゴール裏のサポーター席に場所を移す。その子もやがて親になるとゴール裏を卒業して今度は自分の子供を連れてシーズンチケットで通うようになる。あるいは祖父が連れていくのかもしれない。おじいちゃんと孫はシーズンチケットの席で、父親はゴール裏のサポーター席で。そうやって一つのスタジアムに3世代の熱気が渦巻く。そういう循環を繰り返して現在のイングランド・プレミアリーグの熱気はある。そういう厚みを日本にも根付かせる。Jリーグを立ち上げる際に常に私の頭の中にあったことだ。

アマからプロへのチェンジ

ウエストハムでは選手の契約更改の場にも同席させてもらった。選手、アプレンティスを採用するかどうかの試験に立ち会うことも許された。クラブ経営の表も裏も見て行け、というわけだ。イングランドの中堅クラブといっても芝生のグラウンドが6面、体育館もある立派な施設を備えていた。施設面での日本との差は天と地ほどあった。トヨタカップで負けたイングランド勢が「スタジアムに芝がなかったから」と文句をつけるのも仕方ないと思った。

実力的な開きも相当だった。83年8月に森孝慈監督率いる日本代表の遠征の手伝いをした。西ドイツでアルメニア・ビーレフェルト、ウォルフスブルクなどと強化試合をし、旧ユーゴスラビアでも3試合をこなした後、イングランドにやってきた。

翌年のロサンゼルス五輪予選突破を期待されたそのチームは加藤久、西村昭宏、都並敏史、金田喜稔、岡田武史、木村和司、前田秀樹、風間八宏、原博実、横山正文ら若手で構成されていた。いい相手と強化試合をさせたくてイングランド協会を通してあちこちのクラブに打診してもらったが、シーズンオフでまだ練習を始めていないと断られ、クリスタル・パレスなど2部や3部のクラブと手合わせした。一応、3戦全勝したが、どの試合も接戦の連続。在留邦人に応援してもらおうと第一勧銀と古河で計4000枚のビラをコピーして日本人学校などに配ったりした。

ウエストハムが古河の選手たちを受け入れてくれたのは、サッカー大国の使命感のほかに、何らかの形で日本の企業と縁を結びたい気持ちがあったからかもしれない。

そのころは国際サッカー連盟（FIFA）自体、そんなに「カネ」「カネ」とこだわっていなかった。W杯のテレビ放映権料も国営、公営放送局を相手に今から思うと格安の値段で売っていた。一つでも多くの国の、一人でも多くの人に無料で観てもらうという基本方針のもとで。

イングランドリーグも同様だった。衛星のペイテレビが出現する前で、サッカー中継は数を絞ってやっていた。テレビでやるとスタジアムに足を運ぶ人が減ると信じられていた時代だった。そんな環境の中でクラブがユニホームの胸に日本企業の名前を入れるようになったのもこのころ。ヨーロッパからは日本企業の技術力がぐんぐん伸びて、やたら景気が良く見えるようになっていた。日本企業のほうもヨーロッパで自分たちの知名度を上げるにはサッカークラブのスポンサーになるのが一番手っ取り早いと気づいた。

先鞭をつけたのがリバプールで、70年代の終わりに「HITACHI」の名前がユニホームの胸に貼り付けられることになった。続いて80年代初頭に「SHARP」がマンチェスター・ユナイテッドの、「JVC」がアーセナルのスポンサーに。いずれのクラブも胸に企業名をつけたのはそれが初めてだったから、クラブにもサポーターにも相当なインパクトがあったはずだ。

今のように胸だけではなく、袖も背中もパンツも広告だらけのユニホームを見慣れた人は何とも思わないのだろうが、当時はやはり新鮮だった。考えついた人は相当な知恵者だと思うのだが、あのヒントは日本にあるのではないかという人もいる。

というのも、日本リーグのチームはユニホームに企業名を入れるのが逆に当たり前だったからだ。釜本邦茂選手を擁するヤンマーは70年代後半にはもう「ＹＡＮＭＡＲ」と胸に書かれた赤いユニホームを着ていた。プロ野球のおかげか、日本人はユニホームの胸に企業名がつくことに抵抗が全然なかった。そもそも実業団のチームなのだから自社の名前がユニホームについていても何ら問題ない。逆にＪリーグをつくる際に企業名をチーム名から外そうとしたら大反対が起こる国だった。そういう日本の事情を知る人が、ヨーロッパにマーケティングの手法として持ち込んだ可能性があるのではないか。

ロンドンにいる間は日本で試合をしてもらうチームとの交渉役も買って出た。長沼健さんから具体的なミッションを与えられていたわけではない。旅立つ前に「頼むよ！」とただそれだけだ。私は頼まれずともやる気だった。日本ではキリンの肝いりで78年から始まったジャパンカップがあり、そこにイングランドのチームを送る役にも立ちたかった。ニューカッスル（83年5月）、ウエストハム（85年5月）、それと奥寺康彦がいた西ドイツのヴェルダー・ブレーメン（86年5月）の派遣は私が交渉役を務めた。

当時はテレックスとファックスの端境期。ファックスという便利なものが出て来て、相手クラブ、日本協会とのやりとりが本当に楽になった。

当時の日本協会の中野登美雄事務局長が持つ人脈の中に香港にいるエージェントがいて、

そこからのつながりで英国のエージェントに通じてもいた。その英国のエージェントとはロンドンに行ってすぐに仲良くなった。

それとは別の英国のエージェント事務所にローマ五輪（1960年）の英国代表選手だった人がいて、岡野俊一郎さんと仲が良かった。そのエージェントはミドルセックス・ワンダラーズで働いたこともある人だったから、私もすぐに打ち解けることができた。そこを窓口にして日本に呼んだのは78年の第1回ジャパンカップに参加したコベントリー・シティがそうだった。今でもその会社は存在するし、昔ほどではないが、英国関係の仕事をする時はそこと連絡を取り合っている。

交渉といっても、そんなにややこしいことはなかった。往復の旅費、滞在費とファイトマネーの額を決めればよかった。今のように選手がセレブ化していないから扱いにナーバスになることもなかった。ファイトマネーの10％をエージェントが取るというルールだったが、それも含めて、テレビ中継がついて放映権料が入れば十分にペイできる額だった。

6年のロンドン暮らしが私にもたらしたものは計り知れないものがある。「母国」といわれる国でのサッカー三昧の日々は私の〝サッカー病〟をさらに重くした。どうすれば日本をこういう国にできるのか、真剣に考える契機になった。

ウエストハムのおかげでイングランドのクラブの実態を把握できた。無形ではなく、有形の財産として実際に持ち帰ったものもある。イングランド協会からもらった協会とリーグの規約集だった。その時は日本にプロリーグができるとは思ってもみなかったし、プロリーグ設立に備えて持って帰ってきたわけではなかった。プロリーグの必要性は認識していたが、できるとしてもまだ先だろうと思っていた。私としてはある種の「頭の体操」として持って帰ってきたのだったが、後年、Ｊリーグを設立する際にとても役に立った。

実際の体験を通して感じたこと、感心したこと、なぜそういう仕組みになっているのかと疑問に感じたことの答えが規約の中にあった。アマチュアのリーグをプロのリーグに再編するということは、つまるところ、アマ仕様からプロ仕様に制度設計をしっかりやり直すということなのだ。そのことに気づかせてくれた英国での６年間だった。

第三章　1993年　Jリーグ開幕とドーハの悲劇

日本代表初の外国人監督（1992年就任）ハンス・オフト氏と

Jリーグ人気の過熱

1993（平成5）年5月15日、ヴェルディ川崎と横浜マリノスの試合で船出したJリーグは空前絶後といっていいほどのブームを巻き起こした。前哨戦として行われた92年のJリーグヤマザキナビスコカップ（現YBCルヴァンカップ）は約53万人のお客さんを集めたが、翌年のJリーグ元年は約323万人、94年は約517万人、14クラブに増えた95年は約616万人のお客さんが試合に詰めかけた。あまりの人気の過熱ぶりに、一時的に大ブームを巻き起こしながら、その後、急速に下降し、ブームに乗って次々に建てた施設が廃墟と化したボウリングになぞらえる人もいて、「そのうちサッカーもダメになる」と言いだす人も現れるほどだった。

当の私たちも異様な人気に戸惑っていた。Jリーグが始まるまで、そこまで盛り上がるとは予想もしていなかったのだ。スタジアムに押し掛けるお客さんの多さ、飛ぶように売れていくグッズの売り上げに、ただただびっくりしていた。

もちろん、5月15日の開幕戦が満杯になるのはわかっていた。ヴェルディもマリノスも当時屈指の人気チームだったし、チケットの売り上げを見ていれば、「おお、すごいことになっているな」と。しかし、それは日本サッカーにとって歴史的なイベントだから関心を呼んでいるだけで、他のカードまで入手困難なプラチナチケットになるとは想像がつかなかった。

華々しいスタートを切ったＪリーグは私たちの「夢」を「現実」に近づけてくれる気がした。「夢」というのはＪクラブが単なるサッカーの興行をするための道具なのではなくて、地域社会に貢献する総合型のスポーツクラブになるという構想だった。

イングランドでもドイツでもそうだが、サッカーのプロリーグというのは無理やりつくったものではない。地域ごとに地元の人が集まってつくったスポーツクラブである。そこには行政からも補助金が出て、室内では卓球やハンドボールやバレーボールを、屋外ではサッカーやテニスをやったりする。

チームをつくれば対外試合がしたくなる。それで地域ごとに市や県単位、ブロック単位、全国規模のリーグができてくる。上に行けば行くほど、上手な選手が集まるから、観るためにはカネを払ってもいいという人も出てくる。それを選手に渡せば、選手は仕事をやめてサッカーに専念できるようになり、もっとうまくなる。そうやってボトムアップ的に自然な流れで発展していったのが欧州のサッカーリーグである。スポーツクラブの中でサッカー部門はドル箱になり、稼いだカネを他の競技の活動資金に回すこともできる。そういう還元の仕方を日本でもできたらいいなと私たちは思っていた。

初代Jリーグチェアマンの川淵三郎さんは1964（昭和39）年東京オリンピック（五輪）の前に、日本代表の一員として西ドイツのスポーツシューレで長期の合宿を張ったりしたから、ドイツのそういう豊かなスポーツ環境を強烈な原体験として持っていた。日本はというと、プロ野球の巨人ですら多摩川の河川敷で練習していたから比べものにならない。そういう貧弱な環境を変える起爆剤になりたいという秘めたる思いがあって、チェアマンの川淵さんも事あるごとにそういう思いをマスメディアを通して熱く語っていた。それはJリーグのイメージアップに貢献し、成功を後押しした。

その後、バブル経済の崩壊という難局に直面しながら、何とかJリーグがその荒波を乗り越えられたのも、単なるサッカー興行による金儲けが目的ではないということを十分にアピールできていて、支援や賛同の輪を広げられていたことが大きかったように思う。

現在の日本サッカー協会はカネを借りようと思えば担保にできる〝自社ビル〟まで持っている。無借金で買った、どこの抵当もついていない、まっさらなビル。周りの業者を拝み倒して支払いを延期してもらっていた時代とは隔世の感がある。

プロの先輩、大相撲を訪ねる

不思議なのは、日本サッカーリーグがそんなにパッとしない時代でも、サッカーを応援してくれるスポンサー仲間にはトヨタ自動車やキリンや富士ゼロックス、日本航空などがいたことだ。吹けば飛ぶようなサッカー協会からすれば、分不相応としか言いようがない、立派な会社が必ず周りにいて、陰に陽に応援してくれた。

遡れば、日本サッカーリーグもそうだ。64年東京五輪ベスト8、68年メキシコ五輪銅メダルに多大な貢献をしてくれた日本サッカーの恩人、デットマール・クラマーさんの提言を基に、他の競技に先駆けて、サッカーは日本リーグを１９６５（昭和40）年にスタートさせたわけだが、そこには三菱重工や八幡製鉄（後に新日鐵）、日立といった一流企業が名を連ねてくれた。そういうベースがあってＪリーグも生まれたわけである。

Ｊリーグの成功を考えるときも、サッカーと企業を結びつけながらコツコツと活動を続けてきた先人たちの努力は決して忘れてはいけないと思う。表には出ないが、サッカーの〝シンパ〟の人たちが要所にいて、意思決定の場面でさりげなく、あるいは強力に後押ししてくれて実現に漕ぎ着けられたということが、それぞれの会社でいっぱいあった。そういうベースがあってのＪリーグの成功ではないだろうか。

また、そうやってシンパを増やせるだけの魅力がサッカー自体にもあったということだろう。日本の企業社会の中でサッカーの成り立ち、存在感というのは独特なものがあると思っている。例えば、ルーツを同じくするラグビーと比較しても、日本の社会の中でサッカーとラグビーはまったく違う発展の仕方をした。実業団レベルで見てもそうだ。ラグビーはアマチュアリズムの牙城でありプロ化なんてもってのほか、という時代が長く続いたし、社会人よりも大学ラグビーのほうが人気という時代も長く続いた。その点、サッカーは本当に融通がきくというか、大目に見てもらえる感じがあった。

一つの会社がサッカー部もバレーボール部もバスケットボール部も持っているのに、プロ化したいというと「サッカーはいいけど、バレーはダメ」という答えが当時は出た。これはやはりサッカーには特別視される何かがあるということだろう。

特別視された理由の一つは競技人口の多さだろう。東京、メキシコ両五輪で頑張った後の1970年代は、国際的な結果は確かに残せず「冬の時代」といわれるが、裾野を広げる作業は地道に続けていた。文部省（現文部科学省）が体育の授業の正課としてサッカーを採用してくれたことは大きく、小学校を中心とする少年団サッカーが全国的規模で盛んになり、その受け皿として中学校や高校の部活動も盛んになった。1976年度に全国高校サッカー選手権大会を首都圏に移転させると、高校サッカーに注目が集まるようになり、サッカー部や部員の数だけなら高校野球に負けないくらいに育っていった。正月の決勝はカードによっては東京・国立競技場が満員になったりした。

クラブ世界一を決めるトヨタカップや、日本代表戦も1985（昭和60）年10月26日のワールドカップ（Ｗ杯）メキシコ大会アジア最終予選の韓国戦は国立が超満員になった。スタンドを見ると「チーム関係者、会社関係者ばっかり」というのではなくて、試合の中身次第で愛好家がどっと押し寄せる、ポテンシャルを感じさせた。

そういう下地に加えて、サッカーにはインターナショナルなスポーツという強みがあった。例えば、１９８０年代からトヨタなどの自動車会社は「貿易摩擦」という言葉ができるくらい海外に販路を広げ、摩擦を和らげる意味もあって海外に生産拠点までつくるようになった。

そうやって世界中に自分たちの車を売ろうとして海外に出ていくと、どうしたってサッカーのパワーを目の当たりにすることになる。アメリカ以外の国ならサッカー場や大会の冠スポンサーとして「ＴＯＹＯＴＡ」「ＮＩＳＳＡＮ」の看板を掲げておくと効果は絶大だった。トヨタは「トヨタカップ」以外にも南米王者を決めるリベルタドーレスカップの冠スポンサーになったし、欧州や南米でクラブのスポンサーになる日本企業もあった。

そういう体験から日本サッカーがプロを志向することに、それほどの違和感はなかったのかもしれない。サッカーの国際性を考慮すれば、プロ化に一枚嚙んでおくのは長い目で見れば、そう悪い話でもないという判断があったのではないだろうか。

逆にいうと、Ｊリーグの後に、いろいろな団体競技がプロ化を目指し、うまくいかなかったのは、プロリーグをつくろうと思っている人たちが、うまく周りを説得できなかったからのような気がする。

これはやり方の問題になるが、プロリーグをつくるなら、参加してくれるチームの中に「あそこがやるなら大丈夫だろう」と周囲に安心感を与えるようなところがないと難しい。安心感のベースはチームに出資する企業の大きさであったり、地元の自治体の強烈な熱意であったり、さまざまではあるが……。

Jリーグをつくる際には、いろいろなプロの先輩を勉強しに回った。話を聞いてすごいと思ったのが競輪だった。充実した年金制度を持っていたことに感心した。Jリーグも是非と思ったが、それだけの財源がなかった。そこは未だに悔しい。

大相撲も訪ねた。相手をしてくれたのは出羽海親方（元横綱佐田の山）だった。印象的だったのは「国技館という自前の器があるのがうらやましい」と言ったら、「私たちはもう収入の限界があります」と言いだされたこと。15日間の興行で会場のキャパシティにも限りがあるので収益にも限りがある。その点サッカーは「一度に何万人と集められるんだから、そちらの方がうらやましいですよ」と。相撲協会も相撲部屋にしても、タニマチやお茶屋さんの世話になりながら何とか切り盛りしている。「サッカーは新しい方法で開ける道があるんじゃないですか」と励まされたのだった。

１９９２年に日本サッカー協会（ＪＦＡ）の専務理事になった。当時の協会の年間予算は40億円くらい。それから10年ほどで１００億円の大台を超すのだが、協会の赤貧時代を知る私にすれば、40億円でも扱う数字は夢のような金額だった。

企業経営と社会貢献の兼ね合い

協会の専務理事になったとき、古河電工を辞める気でいたが、古河というのは本当に情の厚い会社で簡単には辞めさせてくれなかった。

「川淵はサッカーでも会社に入ったんだからサッカー界に戻してもいい。でも、お前はサッカーと仕事、両方やると言ってたじゃないか」と言われた。

確かに川淵さんは91年に古河を退社し、独立してＪリーグ創設の仕事に打ち込んでいた。が、一緒に辞めてＪリーグをつくる仕事をやるつもりでいた私の場合は揉めてしまった。そんな時、長沼健さんが「小倉を日本サッカー協会で使いたい」と古河に申し出てくれ、「ＪＦＡ」で働くことで話が進んでいった。プロリーグの仕事がしたい私としては不本意な部分もあったが、長沼さんには逆らえない。

だが、古河から協会への〝転職〟には問題があった。協会でもらえる給料は古河のそれと比べたら少なかった。〝転職〟は確実に減給を意味した。すると古河は「協会で小倉を使うのは許すけれど、減給になるのは忍びない。古河の給料と協会の給料の差額はウチが埋めましょう」と言ってくれた。結局、協会に移ってから3年間は古河が差額を埋めてくれた。

差額を埋めるのは3年で終わったが、その後も古河は私の籍を完全に抜くことはしなかった。「形の上では退社だけれど、籍は残しておく」と言われた。会社の融資制度を使って組んだ住宅ローンの返済がまだ残っていて、古河いわく「お前にこの額をいっぺんに返せるとは思えない。返し終わるまで、籍はそのままにしておく」と。ありがたい話だった。

奥寺康彦が西ドイツ（当時）のブンデスリーガに挑戦したときも、古河は「もし、失敗して、帰る場所がないとかわいそうだろ。会社に籍は残しておいてやれ」と言って、社員扱いのままで送り出した。奥寺本人は知らなかったと思うが、昔の日本の会社というのは本当に面倒見が良かったのである。

ちなみに、専務理事から協会の副会長、会長になった長沼健さんの給料を定年になるまでずっと払っていたのも古河だ。そういう支援の仕方は古河だけでなく、三菱でも日立でも、どこでもそうで、とにかく協会や日本サッカーリーグなどのスポーツ組織に、企業から役員や代表監督、代表コーチなどを送り出すときは「ヒトも出すしカネも持つ」という理解がないと務まらないということなのだ。

企業のこういうボランティア精神は日本のスポーツ界の素晴らしい特質だった。そういう企業からの〝出向者〟に支えられて、何とか運営できているスポーツ団体のほうが日本では圧倒的に多数派だったと思う。チームの運営から協会の運営まで、日本リーグを構成する会社に「オンブに抱っこ」というのがアマチュアスポーツの実相であり、サッカー協会も例外ではなかった。

スポーツビジネス「自立の時代」

日本サッカー協会で最初に有給の会長になったのは川淵三郎さんだった。古河をすっぱり辞めて日本サッカーのプロ化の仕事に飛び込んだから、Ｊリーグのチェアマン時代から有給。つまり、スポーツ界では希有な「プロの経営者」だったことになる。選手や監督、コーチらスタッフをアマチュアからプロに変えるだけでは不十分で、協会やチームを運営する側もプロになってこそ、真のプロ化といえる。そういう意志の表れだった。Ｊリーグの場合、歴代のチェアマンは全員有給であり、日本サッカー協会の会長職も川淵さん以降はずっと有給の専任職になった。

協会の専務理事職でいうと、私の前任の村田忠男さんから有給になっていた。村田さんは三菱を辞めて、サッカーのプロ化ではなく、２００２（平成14）年のワールドカップ招致に専念していた。これも片手間でやれる仕事ではない。代表監督も企業に頭を下げてヒトもカネも出してもらうのではなく、自分たちのカネでプロの監督を雇えるようになったのは、92年に招聘したハンス・オフトからである。そうやって有給の役員や監督を雇えるようになるのはスポーツ団体としてサッカー協会が成長した証といえるだろう。

組織としての成長を物語る材料として、もう一つ、事務所の移転も挙げられよう。例えば、Jリーグは発足当初、東京・神田駅近くの雑居ビルにオフィスを構えていた。その前には四谷のマンションの一室に準備室を設けていたこともある。神田駅近くのオフィスはその後、個室居酒屋になったと聞いている。今から思うと、それほどの広さがあったわけではないが、神田小川町の交差点に面したビルの2階の一室に集まって、せっせとプロ化の議論を交わした日本サッカーリーグ事務局に比べたら「極楽」といえる広さだった。

日本リーグ時代はその小川町の事務局が「梁山泊」みたいな場所になっていたが、三菱や日立や古河の会議室で委員会を開いたこともよくあった。今のように、どこに入ろうとしても「入館証」「社員証」の提示が求められ、機械にかざして「ピッ」と鳴ってゲートが開く時代ではなかった。どこの会社のビルに行っても守衛さんと顔なじみになれば「サッカーです」と挨拶すると入れてもらえた。

Jリーグが爆発的人気を得て、完全に軌道に乗ると、事務局は虎ノ門にある高層の新日鉱ビルに移ることになった。そのビルには94年5月からW杯の招致委員会も入ることになる。

日本サッカー協会はどうか。事務局が東京・原宿の岸記念体育会館にあったことは第二章で触れた。「フジヤマのトビウオ」と尊称された不世出のスイマー、古橋廣之進さんは２００９年8月2日、世界選手権の開催中にローマで亡くなられたが、そのちょうど半年くらい前に私は用事があって、岸記念体育会館内にあった日本水泳連盟に古橋さんを訪ねたことがある。

その時、サッカー協会に比べたら広いと思っていた水連の部屋の狭さに驚いた。その狭い部屋に日本水連の会長や日本オリンピック委員会会長、国際水泳連盟副会長などを歴任された「世界のフルハシ」が鎮座しておられた。古橋さんといえば、戦後間もなくのころ、水泳の自由形で世界記録を連発し、敗戦に打ちひしがれていた日本国民を奮い立たせたスーパーヒーローだ。私などからすれば「雲の上の人」である。それだけにそのギャップに本当に驚いてしまった。

部屋の広さではサッカー協会はさらに狭く、ほとんどウナギの寝床のようなものだった。そこからの引っ越しを考えたのは私が専務理事になった92年ころ、引き金は家賃の値上げを通告されたことだった。今となっては陸上やバレーボールなど岸記念体育会館から飛び出る団体もあるが、サッカーはその先陣を切る形になった。それで「サッカーは景気がいいですね。うらやましい」などと、やっかみ半分で他団体の人間に言われたりしたが、実際はちょっと違う。

私が協会の専務理事になって、まず手を付けようと思ったのが職場環境の改善だった。とにかく手狭だった。廊下にまで机を持ち出して働いている職員がいたし、部屋からあふれ出た、代表チームを支援する平木隆三さんらスタッフは、渋谷のマンションの一室を借りて活動していた。それで〝大家〟である日本体育協会（当時）と最初に交渉したのは部屋の拡張だった。交渉は成功して隣の部屋を空けてもらい、壁を取っ払って二部屋を一部屋にリフォームしたが、これにも裏話がある。当時サッカー協会の事務局長だった新藤一晴君が日体協に部屋の拡張交渉を申し出たら、その回答というのが「体協としては一番大きい部屋は陸連、二番目に大きな部屋は水連に貸すことになっている。サッカーにそれ以上、大きな部屋は貸せない」とクギを刺されたのだった。報告を聞いて「何だ、それは」と思ったものである。

つまり、岸記念体育会館にいる限り、陸連や水連より大きな部屋を借りられることはない、ということだった。それで引っ越しへの闘志がふつふつと沸き始めた頃に、今度は日体協が家賃の値上げプランを告げてきた。「今度の更新でいくらに上げますから、競技団体は了承してください」という通達が回ってきた。その数字というのが「なんで、こんなに高いの？」と首を傾げるような額だった。それで新藤事務局長に「こんな家賃、とてもじゃないが呑む気がしない。これだったら、どこか他で借りられるんじゃないか」と言った。新藤事務局長が取引銀行の三菱（当時）に「この近辺で、このくらいの値段で借りられる部屋はないか」と調べてもらったら、ぞろぞろ物件が出て来た。その中の一つが三菱銀行の取引先だった五島育英会が所有するビルだった。

部屋を下見に行ったら、2階がまるまる空いていて「即決」だった。驚いたことに家賃は岸記念体育会館のそれより安かった。

〝大家〟である日本体育協会との付き合いでいえば、長沼さんや岡野さんと違って私は「外様」みたいなものだから、義理立てする必要を感じなかった。何より、平木さんらマンションを間借りしている部隊も含めて、協会の全職員、全スタッフを一ヵ所に集められる場所が欲しかった。ばらばらに払っているものを一つにまとめれば、それなりの額になることもわかっていた。

希望どおり、94年に渋谷区道玄坂の五島育英会ビル2階に引っ越した。

ドーハの悲劇の衝撃

順風満帆に見えたJリーグ元年、その同じ93年に日本サッカーを奈落の底に突き落とす大事件もあった。いわゆる「ドーハの悲劇」として今に語り継がれる、94年W杯米国大会のアジア最終予選の顚末である。

悲願のW杯初出場まで「あと数十秒」というところまで迫りながら、アディショナルタイムにイラクに同点ゴールを決められ、勝ち点6（2勝2分け1敗）で並んだ韓国に得失点差で出場権をさらわれた。現地で観ていた私も大きなショックを受けた。

ただ、ドーハで受けた痛手はその後、十分に活かされたと思っている。あの経験を経て選手はたくましくなったし、われわれもいろいろな教訓を得た。

例えば、最終予選の方式、開催地の選び方。

94年米国大会の最終予選はドーハの地に日本、韓国、北朝鮮、サウジアラビア、イラン、イラクが一堂に会する、いわゆる「セントラル方式」で行われた。全チームが中2日ほどのインターバルで1本勝負のリーグ戦を行う短期集中型である。

それが、98年フランス大会からは最終予選を含めて予選全体がホーム・アンド・アウェー方式に変わり、2年の長丁場でふるいにかけて出場チームを決める長期分散型に変わった。

前者の短期集中型は初戦につまずいたりすると、それが致命傷になりかねない。「ドーハの悲劇」の際の日本がそうだった。初戦でサウジアラビアに0─0で引き分けたのはともかく、2戦目にイランに1─2で敗れたスタートダッシュの失敗が後々まで尾を引いた。北朝鮮、韓国に連勝して首位に立ったものの、最終イラク戦で土壇場に追いつかれて3位に転落した。

一方、後者の長期分散型だと、腰を据えて勝負ができ、紆余曲折はあっても最終的にモノを言うのは地力になりやすい。アジアの実力者と目されるようになった日本にどちらが向いているかというと、今ならはっきりと後者だと言えるだろう。

米国大会最終予選で今でも悔やまれるのは、中東のカタール・ドーハを最後の舞台に選ぶことに同意してしまったことである。日本開催は不可能としても、どの参加チームにとっても中立地といえる東南アジアはどうかと私は思っていた。が、オフト監督にその気はなかった。細かいパスワークを武器とする日本代表の戦いにマッチする環境を考えたとき、ピッチの状態が良くない東南アジアよりも、中東のほうがやりやすいとオフト監督は判断したようだった。

２００２年のＷ杯招致を考えたとき、このドーハの最終予選で負けたこと以上に衝撃的だったのが、翌94年５月、マレーシアのクアラルンプールで行われたアジアサッカー連盟（ＡＦＣ）選出のＦＩＦＡ副会長選挙で村田忠男さんが韓国の鄭夢準氏に大敗したことだった。

大韓サッカー協会の会長だった鄭夢準氏は前年のＷ杯アジア最終予選で米国大会行きのチケットを逆転でもぎ取ると、余勢を駆ってか、ドーハの地で２００２年Ｗ杯開催国に立候補するとぶち上げた。韓国の大財閥、現代グループの創業者である鄭周永の６男である夢準氏が、豊富な資金力を背景にＦＩＦＡの理事会（現評議会）入りを果たしたことは、「日本有利」と思われた招致争いに大きな影を落とすことになった。

日本は地道な貢献活動でアジア連盟に知己が多いＡＦＣ技術委員（当時）の藤田一郎さんを選対委員長に、新藤事務局長や国際部の岡田武夫君らが村田さんの選挙活動を支えていた。そもそも村田さんが選挙に立つ気になったのはＡＳＥＡＮ（東南アジア諸国連合）の国々から推薦されたからだった。長年にわたるアジアでの貢献活動で、村田さんはそれくらいの信頼を寄せられる存在だった。村田さんに比べたら、鄭氏はサッカー界ではただの新参者だった。

立候補していたのは村田さん、鄭氏、クウェートのシェイク・アーマド、カタールのムハマド・アブドゥラの４人。いざフタを開けてみたら、村田さんに集まったのは2票だった。11票の鄭氏が、10票のシェイク・アーマド、８票のムハマド・アブドゥラを押さえてＦＩＦＡ副会長となることが決まった。

同時に行われたＡＦＣ副会長選挙（定数４）でも村田さんは再選を阻まれた。

票読みを誤り、勝てると踏んでいた日本陣営は、シェイク・アーマドからの「日本の持っている票を私に譲ってくれ」という投票直前の申し出を断っていた。もし、日本の2票をシェイク・アーマドに渡していたら、少なくとも鄭氏のＦＩＦＡ執行部入りは阻めたはずだった。そうすれば、２００２年の招致合戦はまた違った展開になっていたのかもしれない。
ドーハとクアラルンプールのショックはまさにダブルパンチだった。

マラドーナ問題勃発

私はこのＡＦＣの総会に途中まで参加していた。選挙の結果を見届けることなく現地を離れたのは「マラドーナ問題」が降って湧いたからだった。その事後の対応に追われ、日本、アルゼンチンと飛び回ることになったのである。

94年5月のキリンカップで日本はアルゼンチン代表、フランス代表と三つ巴のリーグ戦を行うことになっていた。アルゼンチンは翌月のＷ杯米国大会に出場することになっていた。フランスと日本はどちらも試合終了間際にゴールを許し、本大会出場を逃したことで立場が似通っていた。日本が「ドーハの悲劇」なら、フランスは欧州予選最終戦で「パリの悲劇」に見舞われ、フリスト・ストイチコフ擁するブルガリアにＷ杯出場をさらわれていた。日本はオフトからブラジル人のファルカンに、フランスはジェラール・ウリエからエメ・ジャケに監督を代えて再スタートしていた。

当時のフランスはエリック・カントナ、ジャン・ピエール・パパン、ダビド・ジノラ、ユーリ・ジョルカエフ、マルセル・デサイーら攻守に抜群のタレントを揃えた、Ｗ杯に出ても優勝候補に挙げられて不思議のないチームだった。ジネディーヌ・ジダンが台頭するのはこのちょっと後のことである。

そんなフランスと、ガブリエル・バティストゥータ、フェルナンド・レドンド、アベル・バルボ、ディエゴ・シメオネらを擁する超個性派軍団アルゼンチンとの激突は日本のファンを大いに沸かせるはずだった。

ところが、5月上旬にアルゼンチンサッカー協会（ＡＦＡ）が発表したＷ杯米国大会行きの23人（大会前に22人に絞り込む）のメンバーの中に、同国の英雄である、あのディエゴ・マラドーナの名前があったことで事態は一気にややこしくなった。

一度は代表からの引退を表明したマラドーナをアルゼンチンが引っ張り出したのは93年秋だった。南米予選でコロンビアに出場権を奪われたアルゼンチンは、オーストラリアとの大陸間プレーオフ（93年11月）を前に不安でいっぱいになっていた。こうなると、すがるものは「神様」マラドーナの「神通力」しかない。チームに復帰したマラドーナは1勝1分けでプレーオフを突破させ、アルゼンチン国民を熱狂させたのだった。

とはいえ、そのままＷ杯本番も出場となると、話は別と思われた。「時の人」に戻ったマラドーナは四六時中つきまとうリポーターたちに怒り、ブエノスアイレス郊外の別荘の前でたむろしていた報道陣に空気銃を発射するという事件を94年2月に起こした。4人が負傷したこの事件で同国の地方裁判所はマラドーナの出国を禁止する命令を下した（２００２年に、この発砲事件は執行猶予付きの禁錮２年の刑が確定）。

こういう状態にある選手を本当にＷ杯に連れていくのかどうか。常識的に判断すれば「ない」し、ＡＦＡ関係者もそう話していた。だが、本大会が近づくにつれて代表の実力を不安視した国民の間に「マラドーナ待望論」が渦巻くと、ＡＦＡもアルフィオ・バシーレ監督もそれを受け入れざるを得なくなった。

代表メンバー発表の場でＡＦＡは「５月22日に日本、26日にフランスとキリンカップで対戦。その後、イスラエル、クロアチアと強化試合を重ねてＷ杯本番に臨む」と付け加えたのだった。

スーパースターのマラドーナの代表入りは世界的なニュースになった。Ｗ杯には開催条件として「ＦＩＦＡが資格認定した役員、選手、報道関係者に対し、無条件でビザを発給する」とある。ＦＩＦＡが認めたら、米国もマラドーナの入国を認めないわけにはいかない。一躍、マラドーナは米国大会の超目玉選手になった。

ところが、日本の法務省は５月12日、過去の犯罪歴を理由にマラドーナの入国を拒否することを明らかにした。ＡＦＡのフリオ・グロンドーナ会長（当時）はブエノスアイレスの日本大使館に公使を訪ね、決定は覆らないとみるや、代表チームの派遣そのものを取りやめると告げ、記者会見を開いたのだった。こうしてキリンカップでのアルゼンチンとフランスの夢の対決は幻に終わった。

日本は難しい立場に立たされた。ＦＩＦＡが出場資格を認め、米国も入国を許可した選手を、なぜ日本は拒むのか。アルゼンチンとしてもキリンカップから始まる一連の試合は貴重な準備期間なのだから、マラドーナだけ置いて日本に遠征することなどあり得ない。強化の邪魔をする気か。いったい日本は何を考えているのか。そういう怒りがアルゼンチン国内に沸騰、在ブエノスアイレスの日本大使館に催涙弾が投げ込まれたりした。現地の日本人学校はしばらく休校にするという話も耳に入ってきた。

ＡＦＣ総会があるマレーシアから12日に帰国した私は関係各省庁をかけずり回り、再考を要請した。「見直すことはない」という法務省の方針を改めて確認すると、その日の夜にアルゼンチンに飛び、ジョアン・アベランジェＦＩＦＡ会長と並ぶ南米の実力者、グロンドーナ会長に事情説明を行った。

日本の法務省はマラドーナの入国は拒否したが、93年のドーピング検査でコカイン使用が発覚した、もう一人のエース、クラウディオ・カニージャの入国は認めた。カニージャはこれで13ヵ月の出場停止処分をサッカー界で科されたが、麻薬所持の逮捕歴はないことで入国はＯＫになったのだった。マラドーナはダメで、カニージャはなぜいいのか。そういう細かい違いも丁寧に説明した。日本は麻薬犯罪に厳しく、入国が許される目安は10年といった話もした。

親日家のグロンドーナ会長は私の来訪に驚き、喜び、説明にも納得してくれた。が、マラドーナ抜きでキリンカップに参加するのはチームづくりをする上で難しいと語り、翻意してもらうまでには至らなかった。

私との会談後、グロンドーナ会長はただちに記者会見を開いて「日本から友人の小倉が来てくれた。この前の会見では私の説明に間違いがあった。問題はすべて解決した」と話し、事態は一気に沈静化したのだった。

この一件では協会の見通しの甘さを相当マスメディアに叩かれた。91年にアルゼンチン、92年にイタリアで麻薬所持の疑いで逮捕されたことがあるマラドーナが日本に入国できないのは最初からわかっていただろうと。

しかし、アルゼンチンの招待を発表した3月の段階ではマラドーナ抜きで試合をすることが決まっていたのは確かだった。マラドーナもW杯米国大会に出ることはすっかり諦めていて、その時期は鳥栖のＰＪＭフューチャーズ（現サガン鳥栖）でプレーする実弟のウーゴ・マラドーナに会いに行くつもりでいた。それでマラドーナの代理人が日本への入国申請をし、マラドーナ側が「申請」イコール「入国可」と勝手に思い込んでいたらしいことが混乱に輪をかけた。

米国行きのメンバーに選ばれたとき、マラドーナは日本に行けると思い込み、グロンドーナ会長も、弟に会いに行くための入国は認めながら、試合に行くための入国を認めないとは何事かと怒ってしまったらしい。そういう勘違いの積み重ねが問題を大きくしてしまったようだった。

5月13日のAFC総会での村田さんの大敗を私が知ったのは、道中、乗り継ぎのために立ち寄ったサンパウロの空港だった。いろいろなショックが重なって、しばらく立ち上がる気力もわかなかった。

そして、国際舞台での選挙の恐ろしさを初めて身を以て知ることとなった。面従腹背というのか、口では「あなたに入れる」と言いながら、平気で裏切る者がいる。投票権者の中には「確約書」なるものにサインまでして渡した者もいたという。

村田さんの大敗はその後、私の人生を大きく変えることになった。5月28日の日本サッカー協会評議会で役員改選があり、AFC選挙の敗北の責任を取った村田さんは副会長から退き、招致活動に専念することになった。会長には長沼健さんが就いた。招致委員会の顔ぶれも一新することになり、招致委員会の長沼健実行委員長の下で、私は新しい事務局長になった。

この後、私は日本サッカー協会の仕事でも、どちらかというと国際関係の仕事が多くなっていく。ＡＦＣ、ＦＩＦＡの理事になるための選挙活動に打ち込むことが増え、いわば、日本サッカーの外交面に携わることになっていくのである。もし、村田さんがクアラルンプールで一敗地にまみれることがなかったら、そういう仕事は村田さんが一手に引き受けて、私の出る幕などなかっただろう。

第四章　１９９８年　フランスＷ杯予選の舞台裏

フランスW杯出場決定（1997年）で日本全国が熱狂！　©Jリーグ

Jリーグ浮かれ騒ぎの終焉

1995（平成7）年の616万人をピークにJリーグの観客動員数が落ち始めた。試合数の違いもあるが、96年は320万人に、97年は276万人まで落ち込んだ。ブームは明らかに一段落した感じがあって、お客さんの減少はクラブ経営を直撃した。

このころ、Jリーグの川淵三郎チェアマンに各クラブの選手の年俸を調査した資料を見せてもらった。それで「これはいくらなんでも払い過ぎ」という例をあまた発見した。おっかなびっくりで始めたJリーグが予想を上回る〝ヒット商品〟になった。それで各クラブの社長さんたちが、日本人選手、外国人選手、問わず、大盤振る舞いした感は否めなかった。

特に外国人選手にはかなりの高額を払っていた。ジーコは「一度は引退した身ですから」という感じで少しも高い感じはしなかったが、現役感がばりばりのリトバルスキー（ジェフユナイテッド市原）には相当な値札がついていた。カズ（三浦知良）、ラモス瑠偉らを擁するスター軍団のヴェルディ川崎（当時）は年俸面でも夢のある扱いを受けていた。

Jリーグの発足メンバー（後にその10クラブは《オリジナル10》と呼ばれるようになった）を決めるヒアリングを行った際、川淵さんは「最初の10年は赤字を覚悟してください」と参加希望の団体に言い添えたのだが、そういう重い機体がやっとこさ持ち上がるのではなくて、いきなり急上昇で離陸したものだから、もうコントロール不能みたいになった面があったのだろう。「地道にやっていこう」なんて合い言葉もどこかに吹き飛んだ感じだった。予想外の成功を収めた最初の3年で、もう少し地に足がついた経営ができていたら、と思わないではない。

日本代表人気爆発の秘密

一方で、日本代表の人気は「ドーハの悲劇」も乗り越えて、ぐんぐん伸びていった。カズや井原正巳、中山雅史ら「ドーハ組」に名波浩、山口素弘、相馬直樹といった実力者が続き、そこに中田英寿、城彰二、川口能活といった96年アトランタオリンピック（五輪）代表の新星が現れることで、98年ワールドカップ（W杯）フランス大会出場への期待はどんどん高まっていった。それが代表戦の集客アップにつながっていった。

協会の財政を潤したという意味で、フランス大会からアジア最終予選がホーム・アンド・アウェー方式になったのも大きかった。麓から頂まで、いろいろな障害、それこそ山あり谷ありの苦労を乗り越えながら、本大会出場にたどり着く。その全プロセスを一喜一憂しながら同時進行で楽しめるフォーマットが遂に完成したからだ。ファン、サポーターがホームゲームでは必ず国立競技場を満員にして物心両面でチームを支えてくれたのは本当にありがたかった。

特にフランス大会最終予選は途中でライバルの韓国にホームで敗れ、監督の交代もあり、第3代表決定戦の出場資格（グループ2位）まで失いそうになるという、何度も死地から生還する波瀾万丈の日々だった。あれでW杯予選の魔力に、とことんはまってしまった人が本当に大勢いたことと思う。

フランス大会の最終予選をホーム・アンド・アウェー方式にすることは、すんなり決まったわけではない。

97年に始まった1次予選を日本はオマーン、マカオ、ネパールと戦って5勝1分けでクリアした。オマーンのマスカットと東京の2ヵ所でリーグ戦を行う「ダブルセントラル方式」だった。マカオとネパールは完全なアウトサイダーだったから自分たちのホームゲームを自国で行うことにこだわりを持っていなかった。それで日本とオマーンだけにメリットがある「ダブルセントラル」というフォーマットが可能になった。

1次リーグ突破のめどが立ったころ、監督の加茂周さんとコーチの岡田武史に「最終予選はどういう形でやりたいか？」と尋ねた。ＡＦＣは前回の米国大会最終予選と同じく、どこか一ヵ所に集まって一気に片をつける「セントラル方式」を最優先に考えている、という情報をつかんでいた。

加茂監督の答えは「もう中東でやるのは嫌ですね」だった。どの国に行くにしても日本からは長旅になるし、時差もある。気候条件も日本の選手に合っていないと。前年、アラブ首長国連邦（UAE）で行われたアジアカップで連覇を狙った日本はベスト8でクウェートに0―2で敗れた。その苦い記憶も多少は影響したのかもしれない。加茂監督はセントラル方式でやるのなら「東南アジアのほうが断然いい」と希望した。岡田コーチは「香港なんかどうですか？」と意見を添えた。

各大陸のワールドカップ予選のフォーマットを決めるのはFIFA内のワールドカップ組織委員会だった。アジア最終予選の方式を決めるのもそこ。

ただし、あくまでもそれは形式的なことであり、FIFAがAFCの意向を無視して頭ごなしに方式を決めることはない。最終予選に出場する10チームが総意として決めたことはFIFAもすんなり認めるはずだった。1次リーグ突破を決めた10チームの代表者が集まるスイス・チューリッヒのFIFA本部での会議に私は岡田コーチを伴って出席することにした。

出席したのはサウジアラビア、イラン、カタール、クウェート、アラブ首長国連邦、韓国、中国、ウズベキスタン、カザフスタンの代表者、そして日本。私は「開催地は東南アジア」を基本線に徹底的に闘うつもりでいた。

ところが、日本を発つ前にＦＩＦＡ本部にいる友人からとんでもない情報がもたらされた。サウジのアルダバルというＡＦＣコンペティション委員会の委員長が「アジアの最終予選はバーレーンでやる」と触れ回っているというのだ。私は同委員会の副委員長であり、委員長の意見を否定するのは難しい関係にあったが、さすがに黙っているわけにはいかなかった。

W杯予選の開催地紛争

怒った私は、ただちに韓国と中国の協会関係者に電話して「ともかくこれは問題だ」と訴えた。「バーレーン開催なんて、われわれに不利に決まっている」と。この闘いに勝つには東アジアだけでは数が足りない。ウズベキスタンとカザフスタンも仲間にすべく連絡を取った。「あんな暑い国で戦わされたら、おたくらも死ぬぞ」と。

韓国と中国はすぐに同一歩調を取ることを約束してくれた。「この件はミスター・オグラに任せます」と。ウズベキスタンは私への賛同を書面にまとめてくれた。カザフスタンも味方についてこれで5票。会議の前の晩にチューリッヒに着いた私は韓国、中国、ウズベク、カザフの代表者を集め、連判状のような形式で「アジアの最終予選はＡＦＣの本拠地があるマレーシアで」という最終案をしたためた。それを翌日の会議の前にワールドカップ組織委員会に提出したのだった。

会議の冒頭、委員会のヘッドであるレナート・ヨハンソン委員長（当時）が「私は昨日、オグラからこういう提案をアジアの総意としてもらっている。異議はありますか」と出席者に問うた。するとサウジのアルダバルが「そんなのは総意でも何でもない」と猛然と反論した。向こうはアルダバルの下でまとまり、西アジア勢も5票だから多数決を採るとまったくの五分。完全に両すくみの状態だった。

私とアルダバルのやり合いは延々、平行線のまま、どちらも折れる気配はみじんも見せない。埒が明かない議論に頭に来たのがヨハンソン委員長だった。

「君らはいつも『アジアは他の大陸連盟と違って皆、仲がいい』と言っているが、実際は全然違うじゃないか」とテーブルを叩かんばかりに怒った。そして「もう、おれは帰る。この議論はここで終わり。最終予選はバーレーンでもマレーシアでもなく、完全ホーム・アンド・アウェーでやってもらう。これが予選本来の形なのだ」と結論を出したのだった。

私としてはバーレーンでやられるよりははるかにいいので、それに同意した。他の出場チームの代表者も異論を唱えようがなかったようだった。

ある意味、瓢箪から駒のように実現したホーム・アンド・アウェー方式だったが、もし、加茂監督が「中東でやるのは嫌」と言わなければ、すんなりバーレーン開催になっていたことだろう。前回のオフト監督の時がそうだったように。逆にサウジがバーレーン開催にこだわっていなければ、あっさり「場所はマレーシア、やり方はセントラル方式で」という形で落着していたはずだった。

サウジが中東開催にこだわったのは、東南アジアの戦いを彼らが不得手にしている面があったからかもしれない。90年イタリア大会のアジア最終予選は6チームによるセントラル方式で行われた。場所はシンガポールだったが（最終戦だけマレーシア、中国・広州でも行われた）、サウジはこのとき、5位に終わり、韓国とアラブ首長国連邦に出場権を持っていかれた。

続く94年米国大会のアジア最終予選はカタールで開催し、サウジは見事に〝トップ当選〟を果たした。が、マレーシアで開催した96年アトランタ五輪最終予選は3位で出場権を辛うじて確保したものの、準決勝で日本に敗れる悔しい思いをした。こういう流れを見ると、サウジのアルダバルがバーレーン開催に固執したのは当然に思えてくる。

ジョホールバルその開催の舞台裏

アルダバルとの闘いはこれで終わらなかった。

スタートしたアジア最終予選で日本は韓国、アラブ首長国連邦、ウズベキスタン、カザフスタンと同じB組に属したが、調子がなかなか上がらず、首位通過は早々と韓国で確定となった。当時の本大会出場枠は「3・5」。A組、B組とも1位なら自動的に出場権を得るが、2位になると反対の組の2位と第3代表決定戦を戦わなければならない。そこで負けると、オセアニア代表と最後の切符をかけた大陸間プレーオフに回ることになっていた。無条件でW杯に行けるのは1位だけだったから、応援に熱はこもったし、負けると絶望は深かったわけである。

日本の2位のめどが立ったころ、今度は第3代表決定戦をどこで行うか、という議論がスタートした。ここでも登場してきたのがアルダバルだった。韓国が独走したB組（最終的な勝ち点は韓国が19、日本は13）と違って、A組はサウジとイランのつば迫り合いが最後まで続いた（最終成績は首位サウジ＝勝ち点14、2位イラン＝同12）。それで第3代表決定戦の場所を決める議論のテーブルにサウジ、イラン、日本がつくことになったのだった。

先に仕掛けてきたのはアルダバルだった。ＦＩＦＡがＡＦＣの意向を「どうする？」と問い合わせたところ、コンペティション委員長のアルダバルがまたも「場所はバーレーン」と言い出したのだった。そしてそのことを私には内緒にしていた。

最終予選の方式を巡ってアルダバルと私が激しく対立したことを覚えていたＦＩＦＡは私に「アルダバルがこんなことを言っているが、これはオグラも了解していることなのか」と問い合わせてきた。「知らないよ！　そんなこと！」と私はまたまた怒り心頭。すぐにチューリッヒに飛んでFIFAのブラッター会長に直談判に及んだ。

「第3代表決定戦の相手がサウジ、イランのどちらになるにしろ、バーレーン開催はあり得ない、移動のハンディが違いすぎる。やるなら、3ヵ国の中間に位置するマレーシアしかあり得ない！」

するとブラッター会長は「それは、オマエの言うことがもっともだ」と認めてくれて「じゃあ、場所決めはオマエに任せるよ」とまで、その場で言ってくれた。

私はFIFAからすぐにマレーシアサッカー協会のポールモニー専務理事に電話をかけた。こういうとき、電話でも頼める仲間がいるというのはありがたいことだ。そういう関係を普段から築いておくことが大切ともいえる。

喜び勇んで「クアラルンプールで第3代表決定戦をやらせてくれ」と頼んだら、ポールモニーは「うーん、それは無理かもしれない」と意外なことを言う。第3代表決定戦の日付は11月16日と決まっていたが、「その日はマレーシアカップがある日だから、空いているスタジアムがない」と。クアラルンプールなら幾らでもスタジアムはあると思っていたが、マレーシア国内の日程まではこちらは把握していなかった。

ポールモニーは「第3代表決定戦の日程を1日前か後にずらしたらどうか。それならクアラルンプールでやれるよ」と言ってくれたが、もう11月16日とアナウンスしている以上、その日付を変えられないというのがFIFAの考えだった。それで、もう一回、ポールモニーに電話して「どこか本当に空いてないか？」と尋ねたら「あそこが空いている」と推薦してくれたのがジョホールバルだった。

「そこはどうして空いているの？」と聞いたところ「あそこのクラブはマレーシアカップで先週負けたから、その日は試合がないんだよ」。私としては、空きがあるならどこでもいいから貸してくれ、という心境になっていたので、すぐに「そこでいこう」となった。幸運に恵まれた感はあったが、「クアラルンプールでは無理だ」と言われた時にあきらめないで良かったと思った。

最終的に第3代表決定戦の相手はイランになった。今になってみれば、ジョホールバルですんなり行われたのは、イランがまったくゴネなかったおかげでもあった。イランのサッカー協会会長とは以前から懇意にしていたが、私が「非常に申し訳ないが、こういう経緯があってね、第3代表決定戦はマレーシアでやると決まっているんだ」と説明したら「全然、問題ないから。別に気にする必要はない。われわれはどこにでも行く」とおおらかな態度を見せてくれた。

また、これは後になって聞かされたことであり、どこまでこのときイランが見せた態度と関係があるのかよくわからないのだが、同じイスラム教でもサウジはスンニ派が多く、イランはシーア派の国。そしてバーレーンは数の上では少数派のスンニ派が国の実権を握っていて、イランとは決して良好とはいえない仲らしかった。イランにすれば、バーレーンは好んで足を運んで戦いたい場所ではなかったらしい。

親日的に思えるイランは、独特の立ち位置をとる国という印象が私にはある。アラブとペルシャの違いというか。われわれ東アジアの国々にEAFF E-1サッカー選手権があるように、湾岸エリアにはガルフカップという大会があるが、構成メンバーはサウジ、クウェート、イラク、アラブ首長国連邦、カタール、バーレーン、オマーン、イエメンの8ヵ国であり、イランは入っていない。サッカーのスタイルも湾岸諸国とは明らかに異なる。イランのサッカーはトルコとか欧州寄りの感じがある。日本人は、イランとイラクというと国名が似ているから「中東の似たような国」と思いがちだが、そんな簡単なものではないことも私は〝サッカー外交〟を通じていろいろと学ばせてもらった。

加茂周から岡田武史への監督交代

艱難辛苦の果てにたどり着いたフランスのW杯。日本が初めて手にしたW杯の切符。そのアジア最終予選で一番苦しかったのは第5節、アルマトイのカザフスタン戦を1—1で引き分けた後の監督交代だったかもしれない。

そこまでの日本の戦いを簡単に振り返ると、97（平成9）年9月7日の第1戦、国立競技場でのウズベキスタン戦をカズの4ゴールの活躍などで6―3と滑り出したまでは良かった。9月19日はアブダビに飛んでアラブ首長国連邦と0―0の引き分け。これも酷暑のアウェー戦だと思えば納得のいく結果だった。

おかしくなったのは国立競技場に宿敵韓国を迎えた9月28日の第3戦だった。後半、山口素弘のループシュートで先制しながら、逃げ切りに失敗して1―2の逆転負け。ここから日本の航路は大きく狂いだした。

同じく3試合を消化した時点で韓国は3連勝の勝ち点9でトップ。日本は1勝1分け1敗の勝ち点4の3位で、同7のアラブ首長国連邦の後塵を拝した。無条件でフランスに行けるのは1位だけ、2位でも第3代表決定戦に回らなければならず、3位は論外。メディアも含め、ファン、サポーターの絶望感がどんどん募るのも無理はなかった。

そういう状況で迎えた正念場の中央アジア2連戦。日本は10月4日のカザフ戦でアディショナルタイムに同点ゴールを決められてしまう。次の試合は11日のタシケントでのウズベク戦だった。カザフと引き分けたその夜、日本サッカー協会の長沼健会長は加茂周監督を解任し、コーチの岡田武史を監督に昇格させる人事を発表したのだった。

解任は正直、驚いた。引き分けても私は続投させるものだと思っていた。監督を代えて流れを変える、それもW杯予選の途上でとなると、かなりのギャンブルだと思った。

しかし、技術委員会はまったく違う見方をしていた。逆転負けを喫した韓国戦の選手交代のまずさを含め、監督の戦術や采配に疑問を感じ続けていた。カザフ戦の引き分けは「このままではフランスに行けない」と腹をくくらせ、試合後、ただちに大仁邦彌技術委員長や今西和男技術委員は川淵さんの了解も取り付け、長沼さんに監督交代を具申した。私も呼ばれて同席したが、こうなると、時間をかけて、チームをつぶさに観察してきた技術委員会の意見を無視するのは、よほどの確信がないと難しい。

長沼さんが加茂さんを部屋に呼んで解任を伝えた。加茂さんは「後任は誰にするのか？」と聞いた。長沼さんが「岡田にするつもりだ」と答えると、加茂さんは「ああ、それならいいです」と納得したらしい。らしい、というのは、私は監督を代える話し合いの場にはいたが、個別に伝達する場にはもういなかったからだ。

試合に勝っていれば、監督交代はなく、協会役員は全員、在カザフの日本大使館が主催する食事会に参加することになっていた。が、監督交代を決めたことで記者対応のために長沼会長や川淵さん、大仁委員長は食事会を欠席することになった。誰も行かないのは大使に申し訳ないということで、私と今西さんが食事会に出席した。

全員が来ると思って準備していた大使は拍子抜けしたようだった。試合の結果は良くないし、どうしたって暗い食事会になった。「長沼さんは？」「川淵さんは？」と聞かれても「監督を代えるんで、こちらには来られません」と言うわけにもいかない。「引き分けたものですから重要な打ち合わせが必要になり……」と適当にごまかすしかなかった。

この時の中央アジア遠征で、もう一つ、思い出深いのは、メディアのために麻生太郎さんに陳情に行ったことだ。事前の調査でカザフもウズベクも、試合の写真や原稿を新聞社が電話回線で即時に日本へ送ろうとしても難しいことがわかった。試合会場に臨時の電話回線を引っ張っても通話すらできるかどうか怪しく、ホテルでも確実につながる保証はないとされ、インマルサットと呼ばれる通信衛星の回線を利用して送稿する以外に確実な方法はないことがわかった。

「何とかなりませんか」と通信社や新聞社に頼まれて、相談に行ったのが当時は第2次橋本内閣の経済企画庁長官だった麻生さんのところだった。たまたま、新聞を読んでいたら、麻生さんが「97年9月、戦後初めてウズベクとカザフを訪問する日本の大臣になる」という記事があり、「これはいいな」と思ったのだった。麻生さんとは面識があった。

長官室で「今度、ウズベクとカザフに行かれるそうで」と切り出したら「おう、行くよ！」と、いつものべらんめえ調。私が「大変申し訳ないのですが、10月にサッカーの試合が両国であって、そこで日本のメディアがインマルサットを使って記事や写真を送りたいと希望しています。そういう取材の許可から機材の持ち込みやら何やら、円滑に物事が運ぶようにご支援を賜りたいのですが」とお願いしたら「今、俺にそんなこと言ったってわかるわけねえだろうが」「そもそも、なんでおれがそんなことの手伝いをしなきゃならねえんだよ」と言われた。

しかし、口は悪くても、しっかり話を通してくれるのが麻生さんで、ウズベクとカザフを訪問するミッションの副団長を紹介してくれた。野村総合研究所顧問の千野忠男さんで「あの人なら、ちゃんとやってくれるから。そっちへ行きな」と言われた。それで仕切り直して、副団長を訪ね、事情を説明し、お願いしたら「わかりました。私でやれるかどうかわかりませんが、向こうとミーティングがある時は必ず伝えます」と快諾してくれた。取材する記者のビザの問題から通信から何から、すべての問題がスムーズに運んだのは、こういう方々の協力があってのことである。

国民総熱狂岡田ジャパンの戦い

岡田監督船出の試合（10月11日）はウズベクに1―1で引き分けた。ただ、同じ引き分けでもカザフ戦は追いつかれる展開だったが、ウズベク戦は土壇場で追いついたから「ひょっとすると」という前向きな気持ちにさせてくれた。

それでも、第6戦の国立競技場でのアラブ首長国連邦戦（10月26日）は、呂比須ワグナーのゴールで先制しながら追いつかれて1―1で引き分け。試合後、暴徒化した一部のファンはパイプ椅子をカズの車に投げつけた。激高したカズは車から降りてサポーターに挑みかかろうとしたが、関係者が必死に止めて、事なきを得た。

選手を乗せたバスも外に出るに出られず、国立で缶詰にされた。この時点で日本の勝ち点は7、アラブ首長国連邦は8。残りは2試合。アラブ首長国連邦が連勝すると日本の出場は消滅することになった。

絶体絶命と思われた状態から日本は11月1日、ソウルで韓国に2―0で勝ち、最終のカザフ戦（11月8日）も国立競技場で5―1で勝った。2連勝で勝ち点は13。対するアラブ首長国連邦はB組最下位だったウズベクとの第7戦、ホームでよもやの引き分け。ここで日本とアラブ首長国連邦の勝ち点は逆転し、日本は逃げ切りに成功したのだった。

崖っぷちに立たされた韓国戦では驚くべきことが起きた。ソウルのスタジアムに「Let's go to France together」という横断幕が韓国のサポーターの手によって掲げられたのである。私はそれを見て、我が目を疑った。試合前のセレモニーで柳ジョージさんが歌った「君が代」にブーイングが浴びせられることもなかった。戦後、ソウルで「君が代」の生の歌が流れたのは初めてのことだと後で聞かされた。

日本と韓国の間には不幸な植民地支配の時代が横たわっている。それが強烈なしこりになって日韓の間には「嫌韓反日」という言葉が象徴するように、双方に拭いがたい不信感があると言われてきた。従前の日韓関係のままなら決して掲げられることのない横断幕であったことは間違いなかった。前年の5月に2002年ワールドカップの日韓共催が決まっていたことが明らかに日韓関係を改善していたのである。

あの横断幕を見た瞬間、私の中にあった、FIFAに共催を押し付けられたというもやもやのようなものが、すっと晴れた気になった。「共催はすごく意義のあることではないのか」。そんな思いが初めて去来した。

あのままの流れがずっと続けば良かったのだが、2013年のEAFF E－1サッカー選手権で「君が代」へのブーイングは復活してしまった。

いろいろと裏方的な働きをしていたから、日本がジョホールバルでイランに3―2で競り勝って、W杯初出場を決めた時は本当にうれしかった。岡野雅行の延長Vゴールが決まった時の喜びは、まさに「歓喜」という言葉がふさわしかった。取って取られてのシーソーゲームはサッカーの魅力がぎっしり詰まっていて、敗れたイランにも心からの拍手を送りたくなる試合だった。

そのイランがオーストラリアとの大陸間プレーオフ（11月22日、29日）を制してフランス行きを決めた時は、我がことのようにうれしかった。

「これで、やっとおしまいだ」

そういう安堵の気持ちが、初出場を決めた喜びとともに湧いたのは、勝てるかどうかわからない、のるかそるかの試合が予選の間、連続したせいだろう。初めて導入された完全ホーム・アンド・アウェーの最終予選は、盛り上がる関心や人気と比例して、とにかく溜まるストレスも尋常ではなかった。

チームを途中から引き継いだ岡田監督は「一喜一憂せずに戦い抜く」と念仏のように唱えたが、ファンやサポーターも私も一喜一憂せずに見守るなんてことは到底、無理だった。

正直、これで「僕の首もつながった」なんてことも思った。日本は2002年大会の共催国としてW杯に出られることになっていたが、本大会の初出場がホスト国の権利を行使したものでは格好がつかない。初出場は自分たちの力で何とか勝ち取りたいと思っていた。それが果たせないようでは協会の専務理事として「クビだ」と言われても仕方ない。

実際、気が置けない友人には、「いやあ、もう、これ負けたらおれもクビだからさ」なんてことを予選の間は連発していたらしい。初出場が決まった後、何人もの友人から「良かったな、クビにならずに済んで」という祝福の電話をもらった。

日本がワールドカップの出場権を獲得できたから言うわけではないが、完全ホーム・アンド・アウェーによるアジア最終予選は、その後のアジアのサッカーの発展を考えても良かったと思っている。

例えば、日本代表がアジアのいろいろな国と試合をし、各地を転戦することで、日本人のアジア観をかなり変えたように思う。アジアの広さとか、多様性とか、そういうものに目を向ける、いいきっかけになったように思うのだ。ワールドカップ予選がなかったら、中東のいろいろな国の地理だとか、そもそも国名すら、それほど関心を持たなかったのではないだろうか。カザフスタンについても、当時の私には「宇宙ロケットの発射基地があったはず」というくらいの知識しかなかった。

日本国内では日本サッカー協会が丸善石油から表彰されたりした。ワールドカップ予選の取材で日本のテレビ局がチームに同行取材する。必然的にアラブ首長国連邦など中東のいろいろな国の風景もテレビに露出する機会が増える。それをとても喜んでくれたのが、中東の石油プラントなどで働く日本の企業戦士たちだった。

その映像を見て「うちのパパはこんな大変なところで頑張って仕事しているのよ」とお母さん方が子供に言って聞かせることができた、というのだ。子供はそれを聞いて「父さん、偉いな」と感謝する。そういうことが起きたものだから日本企業から「ありがとうございます」という感謝状をもらったわけである。

この後、W杯のアジア予選のホーム・アンド・アウェー方式は最終予選から一つ手前のラウンドにも拡大していった。公平性を保つという意味でさらに良くなったわけだ。

各種のアジア予選でセントラル方式が広まり、定着していたのは、突き詰めれば、アジアの貧しさと実力差の開きが原因だった。

「どうせ勝てっこないのだから、コストをかけて遠方の国まで行ったり、遠方から対戦相手を呼んだりすることもないだろう」

と考える国がひと昔前は多かった。それよりも、アゴ足つきのセントラル方式にしてもらったほうが費用の負担は少ないと。

フランス大会の最終予選は、私とアルダバルがもめにもめたせいで、長年続いたその形が壊れることになった。二人の間で仲裁役を務める形になったFIFAのワールドカップ組織委員会委員長レナート・ヨハンソンは、UEFA（欧州サッカー連盟）の会長でもあり、高潔な人柄で知られた人だった。譲らない私とアルダバルを見て、ヨハンソン委員長が「FIFAのルールどおりにやる」という公平な裁きをしてくれたおかげで、アジア予選はグローバルスタンダードにようやく近づいたともいえる。

実際にホーム・アンド・アウェー方式が定着すると、どの国もホーム試合を大事にするようになった。アジアの国々、韓国も中国も中東勢も意識が変わったし、お客さんの見る目も変わったと思う。

自国以外のどこかで、最終予選をセントラル方式でやられたら、テレビでは観られても、実際に生で観戦するのは相当に熱狂的なファンでないと無理だろう。それが、ホーム・アンド・アウェー方式に変わったことで、トータルで2年近くかけて行われる予選全試合の半分は確実に自国で観られるようになった。ファンやサポーターに、代表チームやワールドカップ予選を、より身近に感じてもらえるようになった。それは各協会の収益増にもつながる話で、そのメリットを今では多くの協会が感じている。

フランスW杯への準備

本大会出場が決まると、次にやらなければならなかったのは大会前、大会期間中のキャンプ地の選定だった。こういうのは早いもの順で、出場を早く決めたチームから、いいところをどんどん取っていく。出場がアジア第3代表決定戦までもつれ込んだ日本は出遅れた感は否めなかった。

キャンプ地がスイスとイタリアの国境に近い、W杯の会場地でいうとリヨンから車で1時間ちょっとの温泉地、エクスレバンに決まったのはフランス協会のおかげだった。

きっかけはドイツのボルシア・ドルトムントとブラジルのクルゼイロが雌雄を決した97年のトヨタカップだった。クラブ世界一を決める12月のトヨタカップには欧州、南米の両方から大陸連盟や各国協会の幹部がやってくる。その中の一人にUEFAのコンペティション委員長をやっているフランス人がいて、フランスサッカー連盟のベルベック副会長の伝言を携えて私のところにやって来た。

フランスサッカー連盟とは94年のキリンカップにフランス代表を招聘してから、親密なコミュニケーションが取れるようになっていた。ベルベック副会長の伝言は「ワールドカップ初出場、おめでとう」ということと「大会期間中のキャンプ地はどうするつもりだ？」ということだった。ベルベック副会長に連絡を取ると「もし、本大会の組み合わせ抽選会に来るなら、その時に視察して決めたらどうか。フランスサッカー連盟が全面的に協力するよ」という温かい申し出があり、それに乗っかることにした。

12月2日のトヨタカップを観た後、12月4日にマルセイユで行われた抽選会に乗り込んだ。抽選会前日には「世界選抜×欧州選抜」の記念試合も行われ、日本からは中田英寿が世界選抜でプレーする栄誉に浴した。岡田監督も出席した抽選会で日本はH組に入り、アルゼンチン、クロアチア、ジャマイカと戦うことになった。

抽選会の翌朝、ホテルの前には車が2台迎えに来ていて、スタッフを二手に分けて候補地を見て回った。W杯出場を決めた後は岡田監督も選手も想像以上の狂騒に巻き込まれ、正直なところ、私もキャンプ地のことまで頭が回っていなかった。他の国の役員に抽選会で「明日、キャンプ地の下見に行く」と告げると、「えっ？　まだ決めてないのか」と驚かれたくらいだった。W杯初出場だから、とにかく何事にも不慣れで、それだけにフランスサッカー連盟のサポートは本当にありがたかった。

フランス大会から日本は6大会連続でW杯に出場し、事前準備のノウハウは格段に積み上がっている。今に比べたら、フランスの時は笑い話にするしかないようなレベルだったかもしれない。しかし、とにもかくにも、その一歩目があったから「今」があるとも言えるだろう。

余談になるが、フランスサッカー連盟には2002年日韓大会で何かしら恩返しするつもりだった。しかし、われわれに出る幕はなかった。98年は自国開催のW杯で初優勝し、2000年欧州選手権も制し、日韓大会でビッグタイトル3連覇を狙うフランスは準備に抜かりはなかった。前回優勝の資格で出場権を持っていたフランスはとうの昔に東京・白金台の八芳園を押さえていたのだった。抽選でA組になったフランスは1次リーグを韓国で戦い、日本では決勝トーナメントに入ってから戦うことになった。

ある時、ベルベック副会長に「八芳園は本当にいいところなのか？」と聞かれて、「私が結婚式を挙げた場所だ」と答えた。すると副会長は「だったら間違いないな」と、2人で大笑いした。

残念なことにフランスは1次リーグでよもやの敗退。大会前の準備試合でジダンが負傷したことですべての計算が狂ったのだった。八芳園を訪れることなく、傷心のまま帰国の途についた。

フランス大会前の大きな出来事といえば、事前合宿の地、スイスのニヨンで岡田監督が発表した22人の最終メンバーにカズと北澤豪が入っていなかったことが挙げられるだろう。「ドーハの悲劇」を経験した歴戦の2人の落選は大きな波紋を広げることになった。

あの岡田監督の選考について、私は云々する立場にない。選手選びは監督の専権事項であり、それ以外の人間は部外者に過ぎないのだ。

むしろ、人の世の恐ろしさ、というようなものを猛烈に感じた。というのも、最終予選の途中から日本協会には「カズを外せ」「実績だけでは通用しない」といった内容のファックスが、ものすごい量で送りつけられていたからだ。

最終予選第1戦のウズベク戦で4得点した後、カズはゴールから遠ざかり、途中から日本が予選で調子が上がらない原因のように扱われていたのだった。イランとの第3代表決定戦で先発したカズを岡田監督が途中でベンチに下げたとき、その采配を「英断」と絶賛する向きもあった。本大会前にはチームの柱はMFの中田英寿であり、FWの軸は城彰二とされていた。

ところが、カズがW杯のメンバーから外れると決まった途端、今度は攻撃の矛先は岡田監督と協会に向かった。カズを批判したのと同じくらいの量のファックスが協会に届き、「カズを外したサッカー協会はけしからん！」などと書かれていた。

知り合いの記者は「どちらのファックスも送りつけているのは同じ人間じゃないですか」と言ったが、インターネット全盛の今なら間違いなく「炎上」ということだろう。

私自身は、カズと北澤が外れたことを個人的には残念に思ったが、選手や解説者になっている元選手から「カズは外れても仕方ない」「選んだとしても先発は難しい」という意見を聞かされることも結構あった。裏ではそういう冷静な議論がなされるのに、表に出ると、なぜか情緒的な意見ばかりが飛び交う。そういう不思議さ、怖さを噛み締めた出来事だった。

第五章　2002年　日韓ワールドカップ開催

日韓W杯共催で日本の総責任者となった著者（2002年）

ＦＩＦＡ会長アベランジェ発言

１９９３（平成５）年のＪリーグ発足と98年のワールドカップ（Ｗ杯）フランス大会初出場。どちらも日本サッカー史に燦然と輝く金字塔である。その間に挟まれた96年5月の出来事も特筆大書されるべきだろう。ＦＩＦＡが下した「２００２年ワールドカップの日韓共催」という決定である。その経緯は私にとってかなり複雑ではあるのだが……。

日本がワールドカップ招致の検討を始めたのは、昭和の終わりに近い、１９８８（昭和63）年３月のことだった。ＦＩＦＡのジョアン・アベランジェ会長（当時）が86年メキシコ大会の期間中に「21世紀にはワールドカップをアジアやアフリカで開きたい」と発言、それを受けて基本構想の検討と施設整備状況の調査などに着手したのだった。

日本がＷ杯をやるとなったら最大のネックはスタジアム問題になるのは誰が見ても明らかだった。当時の規則では1次リーグは4万人以上、準決勝、決勝は6万人以上収容のスタジアムを用意することとあった。その客席の3分の2は屋根で覆われていなければならないという条件もついていた。その頃の日本にその条件を満たしたスタジアムは一つもなかった。

活動の中心にいたのは日本サッカー協会国際委員長の村田忠男さんだった。川淵さんがプロ化の旗振り役なら、W杯招致の旗振り役は村田さんだった。

村田さんは日本リーグのプロ化を見据えた「日本サッカーリーグ（JSL）活性化委員会」のメンバーでもあり、活性化委員会の場でも「アベランジェのアジア開催の念頭にあるのは日本の事だから、おれたちはW杯に名乗りを上げることができる」という話をしょっちゅうされていた。いつしか、われわれの中で、プロリーグをつくることとW杯を招致することはワンセットになって、車の両輪のように考えるのが当たり前になっていた。活性化委員会の最終答申にも2002年の招致を目指すことは、はっきりと書かれていた。

村田さんにすれば、W杯のために建設される施設は大会後、必ず後利用の問題が出てくる。その時、プロリーグ創設によって各地に生まれるクラブは最高の受け皿になるという計算があった。

その頃に私がある会報に寄稿した一文がある。題は、

「2002年にワールドカップ日本開催は可能であろうか」

掲載されたのは1989年3月、書き始めたのは88年の年の瀬だったと記憶する。まだ古河電工の経営企画室部長だったころで、多少長くなるが、以下にその要旨を紹介したい。当時の状況をうかがい知るに最適だと思うからだ。

日本W杯開催の建白書

「2002年に、アジアで初めてのワールドカップを日本で開催したい」との話の切掛けは、AFC（アジアサッカー連盟）よりFIFAに「21世紀はアジア、アフリカの時代を迎える。2002年には、是非アジアで開催させて欲しい」と申し出、これを受け、FIFAアベランジェ会長が、「21世紀の最初の大会はアジアの国、日本、韓国、中国のいずれかで開催したい」と仄めかしたことによるものです。日本サッカー協会は、昨年ワールドカップ誘致準備室を設け検討に入っておりますが、2002年開催のFIFAへの正式申し入れは1994年、決定は1996年と予定されています。

しかし、ワールドカップを日本で開催するには、アジアで開催を希望する韓国、中国に優る、世界各国が納得する条件の提示ができなければならないことを始め、日本の代表チームが競技力として世界水準に到達していなければなりません。日本開催に持ち込むには障害が山積みされております。

その代表的な例の一つは施設面であります。FIFAの規定では、競技場は天然芝で105×68mのフィールドを持つ12以上の会場があり、グループリーグの試合は4万人から6万人以上、開幕戦と決勝トーナメントは8万人以上の観客収容数を持つ会場が必要とされています。日本の場合はどうか。

日本ではサッカー専用の競技場は殆どなく、大きな試合は陸上競技場のフィールドを使用しており、残念ながらＦＩＦＡの条件を現状のままで満たす競技場は、東京の国立競技場と神戸の陸上競技場の２ヵ所だけであります。２万人以上収容できる競技場は７ヵ所あるものの４万人収容の条件は満たしていません。また、日本で最大の競技場である国立競技場は、収容人員６万２千人で、現状のままでは開幕戦、決勝トーナメントには使用不可であります。

ワールドカップは、オリンピックと異なり、単なる都市開催ではなく、国を挙げての大会であり、日本の場合も全国10都市以上の会場での開催となるでありましょう。ＦＩＦＡの規定では、開催国政府は、正式決定の前に「ワールドカップ開催を歓迎する」「ワールドカップの成功のためにあらゆる保証を約束する」との２項の開催承認宣言をする必要があります。国家行事としての決定が必要である訳で、日本国政府として、開催の意義付けをし、国民的コンセンサスを得た上での決断が出るかどうかが、ワールドカップ日本開催の重要な鍵であります。

ワールドカップの事業規模は、大会自体は、メキシコ大会の場合、収入として入場料45億円、ＴＶ放映権44億円、スポンサー料40億円等で１２９億円。支出は、ＦＩＦＡ経費、競技場使用料、参加国の旅費滞在費等で65億円、純益64億円。これをメキシコ政府、メキシコサッカー協会に30％の19億円、参加各国の協会に70％の44億円を配分したと報告されています。入場者数２４０万人、全世界で１５４ヵ国に放映されたＴＶ観戦者通算１２８億人。決勝戦は５億８千万人が見たと記録されています。

10数年先の事業規模は、純益が２～３百億円に達しているものと想定されますが、この収益だけでは、競技場整備が賄える訳はなく、国として財政負担は大規模なものになります。

一方、日本のサッカーの競技力の国際水準となると、これも残念ながら極めて低水準にあるとしか云えません。

サッカーは、現在、小中学生の競技人口では野球を上回り、日本最大の競技人口になってしまっています。日本代表チームは弱いが、サッカーに興味を持つ小中学生の数は年々増え続け、日本各地での子供のサッカースクールの数は把握することが出来ない程であります。２００２年の大会での日本代表選手は、現在８歳から16歳の子供達が対象となります。この子供達をどう国際水準に見合う選手に育てるかが課題であります。

ワールドカップの開催国になると開催国の権利で出場出来ますが、初出場が開催国の権利と云うことでは情けなく、２００２年迄に開催される３回の大会のいずれかにアジアナンバー1となり出場権を獲得する必要があります。

現在、日本のサッカーのトップレベルは、日本リーグであり、殆どが企業に所属するチームにより構成されています。しかし、日本人プロ第1号である奥寺選手の西独からの帰国を契機に、契約選手制度が導入され、従来、社員選手が試合をする企業スポーツの枠組みを超えた段階に入って来ており、企業スポーツの在り方に問題提起がされると共に、サッカーを専業とするプロである契約選手の数が、リーグ登録選手318名中71名（うち、外国人プレーヤー28人）とサッカーが新しい職業として定着し始めています。このような変化が日本代表チームの強化に繋がり、日本のサッカーが国際的に通用する水準に到達することに結びつくかどうかが問題です。

「ワールドカップ日本開催」プロジェクトの進行について、私は日本開催の実現を願っており、お手伝いをする積もりではおりますが、このプロジェクトについて、次のように考えます。

1　日本は、経済面に於いては、艱難辛苦の末、戦後40数年で一応の成功を収めているが、文化面では国際的に立ち遅れていること。

2　日本は、これ迄、10数年先に関わるプロジェクトを計画的に取り組んだ経験に乏しいし、得手ではないこと。

3　現状、サッカーを取り巻く環境条件（競技力及び施設等）が国際水準に比較し劣悪な状態にあること。

つまり、今回のプロジェクトは、条件が悪い状況下で、13年間の長期計画を立案、その達成に挑戦し、日本の実力を試すと云う、平成時代の日本の活性化のテーマの一つとして取り組むに相応しいものではないかと考えています。

私達の世代が計画を立案し、条件を整えるにせよ、２００２年の大会で実際にプレーする主役は、現在8歳から16歳の私達の次世代の子供達であります。次世代に夢を託す具体的なプロジェクトの存在、それ自体が意味を持つのではないかと思います。

本年5月末より、来年のイタリア大会の予選が始まります。予選通過は厳しいと思われますが、２００２年を頭の片隅に置いてご注目戴ければ幸いです。

（了）

読み返して懐かしくなるのは、当時の私には、例えば地方自治体が、どういう形でおカネを出してくれるのかというイメージが、まるでないことだった。本当に構想が緒についたばかりというか、プロリーグの計画があることにも一言も触れていない。触れても笑われるのがオチという状況だった。

また、W杯仕様のスタジアムに求められる条件も実際とは微妙に違っている。ＦＩＦＡが後に2002年大会の開催要件として示したのは、①グループリーグ、決勝トーナメント1回戦及び準々決勝は最低4万人収容、②開幕戦、準決勝、決勝の会場は最低6万人収容、というものだった。いずれにしても当時の日本には極めて高いハードルだった。

それが、89年のW杯イタリア大会アジア予選に負けてから、リーグのプロ化の動きがどんどん加速していった。プロリーグをつくって選手をこれまでとは異なる次元まで鍛える。それは強い代表チームをつくることにつながる。一方、魅力あるプロリーグに快適なスタジアムは欠かせない。そちらはW杯開催を推進力にして整備していく。

長期計画の策定と遂行は日本人が苦手な分野であり、それに挑戦することが次世代に大きな果実をもたらす、というのは「大きく出たな」と自分で今読んでも思うのだが、それくらいの覚悟や気負いがないと「やってられない」というくらい、W杯招致は壮大なプロジェクトだった。

FIFA本部に乗り込む

89年11月には早くも村田さんがチューリッヒのFIFA本部を訪ね、2002年大会の立候補の意思表示をした。まだ、その時点では「やりますよ」とアピールをするのが目的という感じで実体としては何もなかった。もちろん、当時のJFA会長の藤田静夫さんや長沼健さんの了解を得た上でのことだ。

90年イタリア大会の時には試合会場やメディアセンターで招致をアピールするパンフレットを配布するなどロビー活動も開始。ＦＩＦＡの総会でも配られたこのパンフレットにはアベランジェ会長のメッセージが寄せられ、在りもしないスタジアムが、これからさも造るかのように幾つもちりばめられていた。場所が場所だけに世界のサッカー関係者に日本の本気度が伝わることとなった。

90年10月にはＪＦＡの中に「招致準備事務局」を設置。91年1月には東京・四谷に事務所を開設して、着々と正式立候補の準備を整えた。同じ月に都道府県のサッカー協会を通じて各自治体に対し、Ｗ杯の誘致に関心があるかのアンケート調査も行った。すると20ほどの自治体から「やりたい」という答えが寄せられた。

当時のＦＩＦＡのルールでは立候補の受け付けは当該大会が行われる年の6年前とされていたから、一連の動きはその規則に沿ったものだった。

細かいことをいえば、協会として正式にＷ杯招致の予算をつけたのは、この招致準備事務局の開設費用からだ。今から思うと苦笑するしかないが、四谷に借りた事務局が入ったビルは韓国大使館の至近にあった。そのころは韓国と招致レースを争うことになるなど夢にも思わなかった。事務局の人員はたった3人。村田さんと千葉銀行から転職してきた安達健君、中田敏美さんで、ここが日韓大会のスタートの地であり、オリジナルメンバーだった。
一都市だけが開催の恩恵を手にするオリンピック（五輪）と違って、W杯は全国規模で展開される。それで政治家の受けは良かったのかもしれない。

現実的に動きだしたW杯開催

91年2月から矢継ぎ早に日本サッカー協会内で「ワールドカップ委員会」「広報活動委員会」「活動推進協議会」「招致理念策定委員会」などを開き、3月にスポーツ議員連盟に協力を要請すると、全面的な支援を取りつけることに成功した。6月10日には遂に政財界のバックアップのもと、「２００２年ワールドカップ日本招致委員会」を発足。会長には日産自動車のトップとして同社サッカー部を一流チームになるまで手厚く支援した石原俊・元経済同友会代表幹事が就任された。

さらに92年3月24日に「ワールドカップ国会議員招致委員会」が誕生し、初代委員長を当時自民党幹事長だった小沢一郎衆議院議員に引き受けてもらった。

92年7月を締め切りに設定して正式に各自治体に募集を開始すると、15の自治体が開催地として名乗りを上げた。北から札幌市、青森県、宮城県、茨城県、埼玉県、千葉県、横浜市、新潟県、静岡県、愛知県、京都府、大阪市、神戸市、広島市、大分県である。

ここまでは本当に順風満帆という感じだった。

招致活動を牽引した村田さんは三菱重工サッカー部の選手だった。1960年代に船舶の営業で香港に駐在した経験があり、その時に培った語学力を買われて64年東京五輪で70人の通訳を切り回し、各国サッカーチームのアテンドを担当した。以来、日本サッカー協会で国際畑の仕事を一手に引き受けてきた。

村田さんに言わせると、日本のW杯招致の事始めは、1970年のW杯メキシコ大会の時に当時のサー・スタンリー・ラウスFIFA会長から、「78年大会を日本で開催する気はないか」と野津謙会長が打診されたことらしい。野津会長のお伴で大会を視察していた長沼さんは、「どう思う」と野津さんに聞かれて、「無理です」と答えるしかなかった。

村田さんがW杯招致を真剣に考えるようになったのは86年メキシコ大会のアジア最終予選で韓国に敗れ、あと一歩のところで出場権を逃した悔しさが引き金になったという。「予選を勝ち抜いてW杯に出られないなら、自分たちがW杯を開けばいいじゃないか」という大胆すぎる発想だった。それからの村田さんのアグレッシブな活動がなかったら、日本に果たしてW杯は来ていたかどうか。

91年6月に招致委員会が発足した後、その年の年の瀬だったと思う。長沼健さんに呼ばれて「サッカー協会に移籍しろ」と命じられた。「プロ化のほうはプロリーグ設立準備室ができ、サブ（川淵）が室長になって完全に軌道に乗った。W杯招致もそちらに専念する村田を中心に回っていく。そうなってみると協会が一番手薄だ。オマエ、おれを手伝え」というのだった。その前に村田さんからJFAの国際委員長の仕事を引き継いでいたが、今度は専務理事の職務を襲うことになったわけだ。

長沼さんは94年5月に副会長から日本サッカー協会の会長になられた。専務理事として誘われた時、私は長沼商店の〝番頭さん〟になるような気持ちでいたが、第三章でも述べたとおり、94年のAFC選出のFIFA副会長選挙で村田さんが韓国の鄭夢準氏に大敗してから、自分でも思わぬ方向に人生の軌道がそれていくのであった。番頭さんなら家をしっかり守らなければならないのに、招致活動やら何やら外を飛び回ることが増え、一時的にではあるが、重松良典さんに専務理事代行を引き受けてもらうことになった。

バブルの残り火

開催地に立候補した自治体が15もあったのは、うれしい誤算だった。やはり、まだバブル経済の余韻が残っていて、自治体にもおカネがあったのだろう。Jリーグの参加団体を募った時もそうだったが、まさに「ギリギリ」のタイミングで間に合ったという感じがあった。

驚いたのは「4万人収容のスタジアムを用意しないと資格はないですよ」というハードル

に、どの自治体もひるまなかったことだ。「新設しないと無理でしょう」と尋ねると「資金的に特に問題ない」と頼もしい台詞が返ってきた。

「国民体育大会のために造ろうと思っていたものを前倒しすれば大丈夫ですから」などと、いろいろな理由をひねり出していた。

実際、国民体育大会の開催地でワールドカップの開催地になったところは97年大阪なみはや国体、98年かながわ・ゆめ国体、2001年新世紀・みやぎ国体、03年静岡NEW!! わかふじ国体、08年チャレンジ！ おおいた国体、09年トキめき新潟国体と6会場もある。

「どうせ国体用に造るなら、国体をやった後に誰も使わなくなってぺんぺん草が生えるより、W杯で使いJリーグでも使ってもらったほうがいい」という考えが成り立ったのだろう。

残念なのは、立地に気をつけた国体会場はW杯後もJクラブのホームとしてコンスタントに使われているが、宮城のように必ずしもJリーグで活用されていないところもあること。それはともかく、現在のような経済状況では、同じように募集しても手を挙げるところは半分もなかったかもしれない。

15の自治体の中には「あれ？」というようなところもあった。例えば九州。常識的に考えれば、福岡が名乗りを上げるのが順当という感じだが、実際に手を挙げたのは大分だった。当時の平松守彦大分県知事がW杯招致にとても積極的であり、協力的でもあった。

一方、福岡は1995年のユニバーシアード開催に立候補したために、W杯まで引き受ける余裕はなかった。そうやって棲み分けができたおかげで福岡と大分はケンカせずに済んだのだった。もっとも、後になって福岡県の関係者には「ワールドカップのほうに立候補しておけばよかった」と会うたびに愚痴られたのだが。

逆に出てきてほしいのに降りたところがあった。東京である。W杯を開催するのに首都に会場がないなんてことは前代未聞だった。

なぜ東京は開催地ではないのか？

東京の場合、国立競技場を改修してW杯仕様にすることが一番現実味があるように思えたが、この案は陸連が反対して暗礁に乗り上げた。最終的にW杯の決勝会場となる新横浜のスタジアムができる前で、改修工事を始めたら陸上競技に使えるスタジアムがなくなってしまう。そう言われると確かに代わりのものが首都圏にはなさそうだった。国立競技場は土地やら何やらの権利関係が入り組んでいて、改修しようにもいろいろ障害が多いとも聞かされた。

代案として多摩地区にW杯の決勝ができるような収容能力を持った巨大スタジアムを建設する話もあった。それで東京はOKという感じになっていたのだが、財政面など、いろいろな紛糾が都側の内部にあって、最終的に東京は降りることになった。

東京での決勝を実現させようと、当時の鈴木俊一都知事に何度も会って陳情していた村田さんも途中で好感触を得ていたようだった。だから東京が降りたと知ったときは「裏切られた」といって落胆した。われわれも非常にがっかりするのと同時に、決勝戦をどこでやるのか少々慌てることになった。救いの手を差し伸べてくれたのが当時の横浜市の高秀秀信市長だった。横浜市が決勝戦の仕様に合ったスタジアムを造ってくれることで、この問題はそれ以上、尾を引くことはなくなった。

宿敵韓国登場で日本開催に暗雲

ＦＩＦＡの実力者アベランジェ会長のプッシュもあって、日本の２００２年Ｗ杯開催は間違いないように思えた。そこに立ちはだかったのが韓国の鄭夢準氏だった。韓国の大財閥、現代グループの御曹司で大韓サッカー協会の会長でもあった。

招致レースを乱戦にしたのは日本の２つの失点に起因した。一つは94年米国大会の出場権を「ドーハの悲劇」によって逃したこと。鄭氏は「一度もワールドカップに出たことがない国がワールドカップを開くなんておかしい」と再三にわたって指摘し続けていた。もし、日本がイラクとの最終戦のアディショナルタイムに失点することなく米国行きを決めていれば、鄭氏の口にチャックをすることができていただろう。それによって招致レースに参加する気も失せていたかもしれない。

もう一つの失点は村田さんがＦＩＦＡ副会長選挙で鄭氏に敗れたことである。副会長になった鄭氏は、そこからＦＩＦＡ理事会内部に足場を築くことになった。私も後にＦＩＦＡ理事になったからわかるのだが、理事会の中にいる、いないでは、入手できる情報量が格段に違ってくる。理事としての1票を持つことで、いい意味でさまざまなディールに絡むこともできる。

日本よりはるかに遅れて立候補した韓国と、それを主導した鄭氏がここから約2年の間に驚異的な巻き返しができたのは、ＦＩＦＡの役員になれたことが大きく関係していた。

日韓の招致レースは恐ろしく過熱したが、私なりの視点でまとめてみると、韓国が日本との招致レースに勝った、という認識は私にはない。どちらも目指したのは単独開催だったから痛み分けというところだろう。

日韓共催の真相

どちらも望んでいなかった共催は、ＦＩＦＡ内部の権力闘争に巻き込まれてしまった所産だった。

1974年の初当選以来、ワンマン会長として豪腕を振るったアベランジェに対する反発が欧州を中心に広がっていた。アベランジェ会長は自分で「花道」をつくって、有能な人間に後を託すようなタイプではなく、その独裁がいつまで続くのかは側近にも見当がつかない感じだった。

そういう体制に対して民主化を求めて立ち上がったのがUEFA（欧州サッカー連盟）のヨハンソン会長を中心とするグループだった。

アベランジェ会長の権力基盤はアジア、アフリカ、中南米の大票田を押さえていることだった。サッカー世界の中心とされる欧州は、会長選挙のような投票で決める案件になると、どうしても勝てない構図になっていた。そこにどう楔を入れるか。

94年のW杯米国大会の際のFIFA総会でアベランジェ会長は6選を果たすのだが、その際に、反体制的な動きを見せたUEFAのアイグナー専務理事ら実力者をことごとくFIFA内の各委員会ポストから外すという粛清人事も行った。そういうことが対立の火に余計に油を注いだことは否めない。

一方、W杯のマーケティングに関しても対立が起きていた。長らく、FIFAのマーケティングを担ってきたのはアディダスと電通が共同出資でつくったISLという代理店だった。が、カリスマ経営者のホルスト・ダスラーが1987年に亡くなると内部分裂が起き、創業者一族と袂を分かつ形で飛び出した人々がＴＥＡＭという代理店を、ＩＳＬと同じくスイスのルツェルンで立ち上げた。

このＴＥＡＭはＵＥＦＡとタッグを組んで、１９９２年から欧州チャンピオンズカップをＵＥＦＡチャンピオンズリーグにグレードアップさせることに成功していた。チャンピオンズリーグをカネのなる木に変えたＴＥＡＭの面々からすると、アベランジェ会長に率いられたＦＩＦＡは旧態依然のビジネスモデルで利益創出の機会をみすみす失っているようにしか見えなかった。

ＵＥＦＡを率いるヨハンソンとＴＥＡＭ陣営は「ビジョンI」「ビジョンII」なるワールドカップの改革案を95年8月頃に発表し、アベランジェ会長へより鮮明に反旗を翻した。「I」では開催地を大陸連盟ごとに持ち回りで回していき、それに合わせて会長のポストも回していくという事実上の多選禁止などを盛り込み、「II」ではテレビ放映権とスポンサーフィーをやり方次第でもっと拡大できる、とした。

ＦＩＦＡのこういう覇権争いに、２００２年の招致合戦も否応無しに巻き込まれることになった。アベランジェという後ろ盾を得て立候補した日本にすれば、乗りこんだ船から途中で下りることはできない。韓国も最初はアベランジェの歓心を買おうと必死だったはずだが、会長にその気がないと知ると、ヨハンソンら反アベランジェ陣営に接近するしか勝つ道はなかった。

ややこしいのは、ワンマン会長に時代の趨勢を感じさせ、その座から降ろすために日本に勝たせるわけにはいかないと考えた反対派も、では単独で韓国に開催させる気だったかというと、そういうわけではなかったことだ。日本企業の多くがＵＥＦＡやクラブのスポンサーになっていて、その存在を無視することはできなかった。

投票前年の95年10月末にＦＩＦＡの調査団は韓国、日本の順にインスペクション（視察）をして回ったが、その結果は日本優勢と伝えられた。バーチャルスタジアムという映像体験をアイデアに盛り込むなど、未来を先取りするワールドカップの姿が日本の開催計画にはあった。そんな日本を完全に消すことまではヨハンソンたちも考えてはいなかった。その結果、妥協の産物としてひねり出されたのが共催だった。

２００２年大会の開催国を決める理事会の投票は96年６月１日にチューリッヒのＦＩＦＡ本部で行われるはずだった。が、その前日の５月31日に無投票で共催は決まった。30日正午まで本当に予想だにしないことだった。

投票に先立つ５月23日、イタリアのローマでチャンピオンズリーグの決勝が行われたが、その場でヨハンソンは「欧州８人のＦＩＦＡ理事は共催案を提案する」と正式に表明していた。理事会の票数は全部で21。10対10になったらアベランジェ会長の１票で決まるので、日本としては10票を確保すればいいわけだが、本当に欧州の8票が共催でまとまっているのなら、あちらは残り3票を確保すればいいことになる。理事会のメンバーに鄭夢準氏もいるから、鄭氏が共催に同意すれば残り2票でいい。

そういうヨハンソンの発言を聞いてもわれわれはまだ楽観していた。共催はそもそもFIFAの規約のどこにもない、ある意味で超法規的措置だった。アベランジェ会長が土壇場になれば豪腕を振るい、そういう横紙破りの提案は葬り去ってくれるとの期待をわれわれは持っていた。

そういう自信が崩れたのが30日午後2時過ぎに、日本の招致団が泊まっていたホテルにかかってきた1本の電話からだった。岡野俊一郎さんにFIFAのブラッター事務局長から電話があり、「韓国から共催に同意するレターをもらった。日本はどうする?」と聞かれたのだ。

招致団は蜂の巣をつついたような騒ぎになった。後でわかったことだが、アベランジェ会長は28日にスイスのローザンヌで国際オリンピック委員会(IOC)のファン・アントニオ・サマランチ会長(当時)に誘われて食事をしており、その場で政権が転覆寸前にあることをサマランチ会長から説かれたらしい。欧州の8人の理事を切り崩すことは難しく、アフリカの理事(3人)もそこに合流することになっている。そんな票読みをあれこれした結果、共催案を会長提案とすることで辛うじて自身の威厳を保つことにしたのだった。

頼みの会長が共催案支持に回れば、われわれに勝ち目はない。懇意にしていたアフリカの理事は泣きながら「日本に票を投じることはできない」と電話をしてきた。縛りが半端ではなかったのだろう。

南米の理事（3人）は日本シンパだった。アルゼンチン在住の北山朝徳さんという国際委員がいる。大学卒業後、単身アルゼンチンに渡り、ブエノスアイレスに一代で物流の会社を興した人で、明るくオープンな人柄で信用を築き、アルゼンチンのサッカー界とも深い交わりを持つようになった。北山さんの周旋で南米連盟と日本は太いパイプができていた。そういうこともあって、この際どい局面でも「日本支持」に回ってくれる感触は十分にあったが、南米は3票しか持っていないから多勢に無勢の状況は変わらない。

川淵三郎さんは「それでもやろう」と抗戦を主張したが、私はあちこちから入ってくる情報から自分の票読みが崩れ、弱気になっていた。元日本代表のストライカーで当時は参議院議員の釜本邦茂さんが「共催で32の半分の16チームでやることになっても、1978年大会まではその数でやっていたわけだし。ワールドカップが日本に来るのは間違いない」と話すと、ゼロになるよりはいいという感じにその場の空気が変わっていった。

「2002年ワールドカップ日本招致国会議員連盟」の会長としてチューリッヒ入りしてい

た元首相の宮澤喜一さんは、その間、一言も意見を挟まれなかった。「これはサッカーに携わる人たちが純粋に判断して決めること」という姿勢を徹底的に貫かれた。できるようでできないことだと今でも思う。

共催案を最後に呑む決断をしたのは長沼さんだった。宮澤さんは「皆さんが決めたことなら、それでいいと思いますよ」とおっしゃった。

日本サッカー協会の会長だった長沼さんは、電通から招致委員会に出向していた濱口博行さん（現広島経済大学教授）らを伴って、W杯を日本に呼ぶための招致活動として、まさに世界中を行脚された。南米から北中米カリブ海、アフリカ、欧州、アジア、と世界を股にかけて「清き1票」をお願いして回った。まさに率先垂範だった。その苦労は誰もが知るところだけに、その長沼さんが下した苦渋の決断に誰も異を唱えることはなかった。

大会名と決勝開催地の駆け引き

共催が決まると、国内で大変な作業が待っていた。単独開催のつもりで15自治体を会場に選んでいたが、共催になったことでＦＩＦＡから「15はいかにも多いから削ってくれ」という注文が来たのだ。

私自身は「この際だから日本にいいスタジアムをたくさん造りたい。15のままでやらせてくれ」とＦＩＦＡに反論した。15は無理でもなんとか「12」くらいの線で収めたかった。自治体の側も「試合数は少なくなってもいい。そのままやらせてくれ」というところばかり。だからＦＩＦＡがＯＫすれば15のままでやるつもりだった。が、ＦＩＦＡに「いくらなんでも日韓合わせて30会場というわけにはいかないよ」と拒否された。

それで「韓国はどうなんだ？」とリサーチしたら、あちらは「10もあれば十分です」と。この問題でＦＩＦＡ相手に韓国と共闘することは無理だった。

15の候補地は札幌市、青森県、宮城県、茨城県、埼玉県、千葉県、横浜市、新潟県、静岡県、愛知県、京都府、大阪市、神戸市、広島市、大分県。結論からいうと、削減の対象になったのは青森、千葉、愛知、京都、広島だった。

広島が開催地から外れたことを非常に残念がった人がいる。実はアベランジェ会長である。広島に原爆が落とされたことも、廃墟同然の状態から復興したことも知っていて、Ｗ杯を開催するのにこれほどふさわしい場所はないと本人が力説するのだった。広島平和記念資料館のことも知っていて、Ｗ杯を観に来る大勢の外国人に足を運んでもらうべきだと。広島は外れたと伝えたら「なぜだ？」と何度も聞き返された。

広島の問題はスタンドを覆う屋根だった。１９９４年アジア大会のために建設したビッグアーチに屋根さえ架ければクリアできたのだが、県と市で思惑の違いがあり、行政の側からゴーサインがついに出なかった。

広島は長沼さんの出身地でもある。本人はおくびにも出さなかったが、長沼さんも内心は本当に残念だったと思う。

愛知が外れたのを意外に思う人も多かった。トヨタカップへの支援、名古屋グランパスの存在を考えたら疑問に思って当然かもしれない。ここもネックはスタジアムだった。広島は県サッカー協会会長の野村尊敬さんが奔走したように、愛知ではグランパスの代表だった西垣成美さんが名古屋を残すために精力的に動かれたのだが、どうしても市内に新しいスタジアムを造る話がうまく運ばない。瑞穂公園陸上競技場を4万人収容に増改築するのも近隣住民の反対や敷地の大きさ、試合前後の混雑を想定すると難しいとされた。

名古屋が諦めると、愛知県での候補地は刈谷と豊田になった。豊田が刈谷に優ったのはスタジアムの建設計画が具体化していたことだった。実際、豊田には今、サッカー専用では埼玉スタジアムに次ぐ収容能力（約4万5000人）を誇るスタジアムがある。

豊田は最終的に新潟に開催地の名誉を譲ることになった。15を10に削る選定は最終的に日本サッカー協会理事会の投票で決めた。投票する前に、日本サッカー協会の9地域の中から最低一つは選ぶことを確認していた。

そうすると北海道と九州は対抗馬がなく、札幌と大分ですんなり決定。中国は広島が条件を満たせず、四国はそもそも名乗りを上げるところがなかった。

ブロック内で競合したのは東北の青森、宮城、関東の埼玉、横浜、茨城、千葉、中部の静岡、愛知、新潟、関西の大阪、京都、神戸ということになる。これらをスタジアムのスペック、交通の便や宿泊施設などのロジスティック、運営能力や過去の大会開催実績などをポイント化して順位づけした。私が責任者となったが、事務作業を担当したのは鈴木徳昭、三菱商事から出向していた西村浩たちだった。

その結果、ポイントで上位になった札幌、横浜、茨城、静岡、大阪、大分は無投票で決定。ブロック内で拮抗した青森と宮城、千葉と埼玉、神戸と京都、愛知と新潟は22人の理事の投票で決めた。同数の場合は長沼会長の決裁としたが、そこまでの事態には至らず、宮城、埼玉、神戸、新潟が選ばれた。宮城、埼玉、神戸は計画に具体性があり、新潟は日本海側で唯一の開催地ということを前面に押し出して票を集めた。

15の開催候補地を10に絞るのは断腸の思いだった。というのも彼らは招致合戦を共に戦い抜いた同志でもあったからだ。招致活動の資金として一律2億3500万円を提供してくれた仲間でもあった。

招致活動の資金を提供し、共催とはいえ招致にも成功したのに、開催地には選ばれない。これはかなり心に引っかかる問題だった。

招致委員会の中ではいろいろな議論があった。宣伝する時には必ず候補地の名前がメディアに露出したからPRとしては十分に元が取れたのではないか、そういう宣伝には制作費がかかっているのだからそこは割り切って返さなくてもいいのではないか、いや半分くらいは返したほうがいいんじゃないか、などといろいろな意見が出た。

それでも実際に、絞り込んで落とした開催候補地の首長に直接お詫びの挨拶にうかがったら、これは返すべきだという気持ちになった。長沼さんも「首長さんたちの中には進退を賭して名乗りを上げてくれた人もいるし、これがもとで次の選挙に落ちたりしたら申し訳ないよなあ」と。

それで5自治体合わせて12億円近くのカネを返すことにしたのだが、いかんせん、こちらも招致活動費がかさんで手元不如意の身だから、まとめていっぺんに返すのは無理だった。それで各自治体の首長に頭を下げて、5年の月賦で返すことを承諾してもらったのだった。

実際、招致活動費に89億円ものカネをわれわれは使っていた。協会の財布はまさにすっからかんだった。全額返すとなったら月賦しかありえなかった。

89億円の元手の内訳は15の自治体からもらった負担金の割合が一番多く、39・5%の35億2500万円。次がJリーグの入場券に一律100円を上乗せするなどサッカー界が総力をあげて集めた約33億円の日本サッカー協会協力金。それに51社の協賛企業から集めたスポンサー収入が約15億円など。

今でも思うのは、Ｊリーグが爆発的な人気を呼んだおかげで、協会協力金として30億円を超す額を集められたが、そうでなければ、これほどのものは集められなかっただろう。

この内訳を見ていただければわかるとおり、招致活動費に国からの補助は一銭も入っていない。開催が決まれば、セキュリティー対策などで国の全面的なバックアップを受けられるものの、招致の段階ではあくまでも後方支援に限定されていた。そうなると韓国のように、国を挙げて、財閥丸抱えで軍資金も青天井みたいな招致活動をされると、88年オリンピック（五輪）の招致戦でソウルに完敗した名古屋のように、なかなか勝てるものではない。サッカー協会として戦って、よくぞ引き分け（共催）に持ち込めたなという感じも、そういう意味ではある。

ちなみに、２０２０年東京五輪の招致活動費は２００２年W杯のそれと同じ89億円と発表された。寄付金で49億円、スポーツ振興くじの助成金で9億円、東京都の35億円を含めると１００億円ほどの元手があり、剰余金が出たという。その一つ前の16年五輪の招致戦では、１４９億円の招致活動費を使ってブラジルのリオデジャネイロに敗れた。

東京都は猪瀬直樹知事（当時）が招致のプレゼンテーションで「オリンピックの開催準備金が45億ドル（当時のレートで約４５００億円）積み立ててある。それもキャッシュで持っている」とスピーチしたくらいだから、招致活動にそれくらい使っても平気かもしれない。

しかし、当時のサッカー協会にとっては招致活動に89億円も使うことは清水の舞台から飛び降りるくらいのことだった。それでもひるむことがなかったのは、やはりJリーグの成功で日本のサッカー界がとてつもなく前のめりになっていたからだろう。怖いもの知らずというか。JリーグとW杯招致は車の両輪なんだから、どちらも前進させるしかない。片方を止めたら同じところでぐるぐる回るだけになってしまう。

招致に負けて「89億円をドブに捨てた」となったら、当然のことながら責任問題になり、長沼さんと私はサッカー界から去ることになっていただろう。この件について長沼さんと直接話し合ったことはないが、そういう覚悟でやっていたのは確かなことだ。

96年に共催が決まると、FIFAとの話し合いが本格的に始まったかというとそうでもなかった。むしろ彼らは面倒なことが一つ片付いて、「やっと2年後のフランス大会に集中できる」という雰囲気を醸し出した。「日本も韓国も招致レースで疲れたでしょう。少し休養したら」という感じだった。

FIFAはそれで良くてもこちらはそうはいかない。15のものを10に削らないといけないし、96年7月にはすぐに招致委員会を開催準備委員会に衣替えさせていた。何しろ、ワールドカップ史上初の共催である。FIFAにもわれわれにもノウハウの蓄積がない。準備を整えるのは早ければ早いほどいい。

それで9月には長沼さんとＦＩＦＡのチューリッヒ本部を訪ね、会場数について日本の考えを示し、試合数についても64試合のつもりだったのが半分の32試合になるのは納得できないので、1次リーグの後に2次リーグを導入し（74年、78年、82年大会はこの形式で行われていた）、試合数を増やすことを考慮して欲しいなどと訴えた。

こちらはそうやってあれこれ考えていたわけだが、ＦＩＦＡはどこか共催を甘く考えていて、その温度差に後々まで悩まされることになる。

そんなＦＩＦＡと日本と韓国の三者が初めて共催について話し合ったのが96年11月にチューリッヒで開かれた共催検討委員会だった。

議題は13あったが、その中で揉めに揉めたのが大会の正式名称をどうするかだった。検討委員会の委員長はなんと、あの日本の単独開催を阻んだＵＥＦＡ会長のヨハンソン。流れからすると日本に辛く当たるのかと思ったが、そんなことはまったくなかった。

例えば、大会の正式名称も英語の国名表記の順にならって「2002 FIFA World Cup Japan/Koreaにしたい」とヨハンソン委員長が切り出した。韓国の鄭夢準大韓サッカー協会会長は「英語ではそうかもしれないが、フランス語もＦＩＦＡの公用語。それならCorée/Japonになる」と反対した。しかし、ヨハンソン委員長はあっさり却下。

さらに委員長は「開会式は韓国、決勝は日本、放送センターは日本に置く」とも言った。これには鄭会長が怒った。五輪の開会式や閉会式と違って、W杯の開閉会式にそれほどの意味はない。それよりも世界が注視する決勝戦の舞台になるほうがよほどいいからだ。

鄭会長は「大会名はJapan/Korea、決勝まで日本では、私は国に帰れない」とヨハンソン委員長に訴えた。ここで会議は完全にストップ。

休憩を挟んで鄭会長から提案があった。「決勝は日本でいいが、大会の呼称をKorea/Japanにしてほしい」と。FIFAが言いだしたことなので日本はだんまりを決め込んでいい立場だったが、川淵さんが長沼さんに「決勝戦は日本に来るんだし、大会名称くらい花をもたせてもいいんじゃないですか」と話し、長沼さんも同意して、助け舟を出すことになった。

「Korea/Japanという名称をFIFAが望むなら、日本としては受け入れますよ」

この長沼さんの言葉に、ヨハンソン委員長も同席したヨゼフ・ブラッター事務局長も鄭会長も、大袈裟ではなく、その場にいた誰もが、ホッとしたようだった。

会議が終わった後、鄭会長はわざわざ長沼さんのところにやって来て、お礼の握手を求めたほどだった。

空席を生んだチケット問題

２０００（平成12）年秋から私は協会の専務理事と２００２年ＦＩＦＡワールドカップ日本組織委員会（ＪＡＷＯＣ）の事務総長代理を兼任するようになった。そして２００２年の本番が近づくと、Ｗ杯のトーナメントダイレクターを務めることになった。

日韓大会が始まって（正確には始まる前から心配ではあったのだが）、非常に困ったのがチケット問題だった。

５月31日の開幕戦はソウルで観た。開会式が３時間くらいあってワールドカップでは異例の長さだった。

開幕を通常より半月も早めたのは日本と韓国の梅雨と高温多湿な気候を避けるためだった。何としても６月中に終わらせる必要があった。大会中の一番の心配事は暴風雨に大会が襲われることで、毎日の定例ミーティングで真っ先に確認することは天気のことだった。

前年のコンフェデレーションズカップ準決勝の日本対オーストラリア（２００１年６月７日）は豪雨に見舞われ、マッチコミッショナーによって中止にされそうになった。それを私が「避雷針があるから雷は落ちない。やらせても大丈夫」と何とか説得して強行した。同じようなことが本番でも起こるのではないかと気をもんでいたのだ。

本大会が始まると、天気とは別の災難に襲われた。6月1日の日本での開幕戦はテレビで観戦したが、スタンドの空席の多さに愕然とした。データ上、チケットはすべて完売になっているはずだったからだ。

大会期間中、私は恵比寿のウェスティンホテルにあった日本組織委員会の一室にいて、毎日午前10時からFIFA側と定例ミーティングを開き、アクシデントに備えていた。いつもより会期を前倒ししたとはいえ、6月の日本は天候に読めない部分が多い。大勢の遠来のお客さんが押し寄せれば、移動等にもトラブルが発生するかもしれない。そういう事故対応のために神経をとがらせていたわけである。同ホテルにはFIFAの本部もあった。

チケット問題は本来、われわれの管轄ではなく、FIFAが全面的に取り仕切っていた。正確にはFIFAが委託したバイロム社というエージェントが海外分に関してはグリップしていた。日本が任されたのは国内向けチケットだけ。電話販売を行った国内分にはなんのトラブルも発生しなかった。

6月1日の新潟の試合で3821席、札幌で4282席、2日のカシマスタジアムで3450席、埼玉スタジアムでも3979席の空席が発生した。バイロム社を質すと、彼らのチケット管理が杜撰で、売れ残りのチケットをそのまま放置していることが判明した。1日から6日までの10試合で4万枚近いチケットが残っていることがわかった時の絶望的な気分、怒りは今、思い出しても頭の血管が切れそうになる程だ。日本では旺盛なチケット需要があり、購入できない人たちからのクレームに頭を悩ませていたのである。

私は3日にFIFAに話し合いの場を求め、6日までの売れ残りのチケットをこちらでさばくことを主張した。FIFAは窓口での現金販売を主張したが、そんなことをすれば大混乱に陥ることは目に見えている。結局、8割をJAWOCによる電話販売、2割をバイロム社がネット販売することで落着させた。

6日以降のチケット売れ残り分（私に言わせれば放置分）に関してもJAWOCが半分をさばくことで納得することにした。本音を言えば、バイロム社から全部取り上げて、われわれが残ったチケットをすべてさばきたいところだった。

海外販売分のチケットというのは大概、余るものである。FIFAは加盟協会のサッカー関係者に向けてチケットを割り当てるが、それがすべてはけるわけではない。2002年当時なら、例えばアルゼンチンは、とてつもない通貨危機と債務危機に襲われた。01年末から02年初めにかけてデフォルト（政府対外債務支払い停止）を宣言したくらいで、遠い日本まで行きたくても行けない財布事情のファン、サポーターは相当いただろう。そうやって戻って来たチケットをきちんと管理して、リセールすればいいものを、それを怠るから空席問題が発生したわけである。

悔しいことに、このチケット問題はさらに尾を引いた。それもよりによって日本戦で。フィリップ・トルシエ監督に率いられた日本代表は埼玉でベルギーに2―2で引き分けた後、ロシアに横浜で1―0で勝ち、大阪でチュニジアに2―0で勝ってグループHをなんと首位で通過した。横浜でロシアに勝って歴史的なW杯1勝を挙げたときは狂喜乱舞し、後ろの席の石原慎太郎都知事（当時）に「試合より、あなたの応援姿に感動したよ」と言われたくらいだった。

その日本が決勝トーナメント1回戦でトルコと戦った舞台の宮城で空席が700席も発生した。それもバックスタンドの正面というテレビによく映る一番目立つところで。この日本戦を生で観たい、チケットが欲しい、でも買えなかった人は数限りなくいたはずである。そういう人たちがこの空席を見てどう思ったか。想像するだけではらわたが煮え繰り返ったのだった。

これも調べるとバイロム社の不手際だった。ぽっかりできた空席部分は「見切り席」として販売しなかったというのだ。見切り席というのはスタジアムには柱の陰とか建物の構造上の問題で試合がよく見えず、チケットを売るに値しない席が生じてしまう。欧州のスタジアムなら絶対にあり得ないが、日本の体育施設（スポーツ施設ではない）だと、観る人のことなど考えずに、そういう場所にまで平気で客席を造るので、実際に切符を売る際には見切り席と称して販売しないようにするのだ。

それだけでも頭に来るのに、この問題に追い打ちをかけたのが、ＦＩＦＡがこともあろうに記者会見で、見切り席の間違いは「ＪＡＷＯＣから座席配置のデータをバイロム社に送るのが、遅くなったのが原因」と発表したことだった。ふざけるのもいい加減にしろという感じだった。

私はすぐさま20日のＦＩＦＡ主催の定例会見で「空席が出たのはバイロム社が見切り席を間違えたのが原因。日本国民の心をいたく傷つけた」と反論。その後、ＦＩＦＡは50万ドルの補償金をＪＡＷＯＣに支払い、自分たちの側に非があることを認めたのだった。

W杯開催後のレガシー

招致活動から含めると、ほぼ10年かけて開催したワールドカップ。終わってみて思ったのは、本当にやってよかったということだった。

入場者数は歴代3位（当時）の２７０万５１９７人。テレビの視聴者は世界２１３ヵ国、延べで２８８億人に達した。

大会後のレガシー（遺産）という面でも多くのものが日本に残されたと思う。スタジアムもそうだし、キャンプ地として名乗りを上げた自治体も多かったから、日本各地で練習環境も格段に向上した。初出場のフランス大会の時もすごかったが、W杯を開催したことで代表人気も完全に定着したというか、浸透したように思う。半分の32試合にはなったが、全国各地で一流の試合をお見せできたことで、サッカーそのものへの理解度も急激に増したことは間違いない。

聞いたところでは、「ゲキサカ」というサッカーサイトが携帯でサービスを始めた時、会員を募集したら、W杯の開催都市にサッカーファンが多いことが一目瞭然だったという。正直、W杯をやるまでは、新潟が、あのようにサッカーが盛んな場所になるということはなかなか想像できなかった。

JAWOCは2004年5月末に最終決算を行ったが、681億円の収入に対し、支出は611億円で、70億円の黒字が残った。これだけの剰余金が出た一番の理由は為替レートに恵まれたことだった。

もし、大会が興行的に失敗して赤字が出たら、それは日本サッカー協会が引き受けることになっていた。国は一切補塡しないという約束だった。それがあったから、招致が決まってからというもの、JFAに無駄な出費は抑えさせて、おカネをプールさせるようにしていた。為替レートの関係で赤字が出たらそれで埋めようと思っていた。

その穴埋めの内部留保のおカネがまるまる残ったことで、大会の剰余金から分配された30

億円と足して、2003年、東京都文京区本郷にあるビルを購入した。JFAハウスと呼ばれるこの建物にJFAやJリーグなどサッカー関連団体が移転し、その中にミュージアムをつくることもできた。

大会の剰余金の使い道は「ワールドカップ記念事業推進委員会」で検討され、日本オリンピック委員会や日本体育協会（当時）にも3億円ずつ分配。その後もサッカーを中心としたスポーツ環境整備事業や開催地スタジアム利活用事業等への助成金としても使われた。W杯が終わった途端に開催地やキャンプ地が寂しくなるのは残念なこと。サッカーの灯が消えないように、W杯が終わってからも5年間くらいは、練習施設を造るとか、ユース等の大会をやってアジアと交流してもらったほうがいい。そんな考えからだった。

大会の成功の陰に電通の力があったことも触れておきたい。マンパワーの部分で濱口博行さんのような有能な人材を出向という形で招致の段階から送り込んでくれた。高校サッカー、キリンカップ、トヨタカップとサッカー界とは深い関係を結んできたから話が早い。招致議員連盟などの組織づくりにも知恵を授けてくれた。そういうルートを電通が持っていたのは事実だった。自治体から招致活動費を集める方法も電通との話し合いの中で出てきた。そういう仕組みづくりの相談相手はやはり電通だった。

「笑顔のワールドカップ」

日韓大会後、その余勢を駆ったわけではないが、私はＦＩＦＡ理事選に打って出た。選挙キャンペーンとしてアジアの国々を回ったが、その際、「本当に素晴らしい大会だった」「日本と韓国を真剣に応援した」「アジアの誇りだ」とあちこちで感謝された。まさに追い風。個人的には日韓大会は私のＦＩＦＡ理事への道も開いたと思っている。

ちなみに、ＦＩＦＡ理事に当選した後、最初の理事会で「２００２年ワールドカップの反省」が議題になったが、理事からは「大変楽しかった」「全く問題はなかった」と大変好評だった。「それならば」とブラッターＦＩＦＡ会長（当時）が「この大会をWorld Cup of smiles（笑顔のワールドカップ）と呼ぼう」と提案して了承された。これも大変名誉なことであった。

日韓大会は、いろいろな意味で転換期のワールドカップになった。99年8月にＪＡＷＯＣはＦＩＦＡと「組織団体契約」を結んだ。ＦＩＦＡは日韓の組織委員会にそれぞれ1億ドルの分配金を支払い、チケット収入も全額、両組織委員会の取り分とする。その代わり、それ以外の権利はＦＩＦＡが一手に握るというものだった。その中には当然、テレビの放映権料やマーケティング収入が含まれた。ある意味、Ｗ杯開催の中央集権化と言えるものだった。

ＪＡＷＯＣが何をするにもＦＩＦＡにお伺いを立てなければならなくなった。

大会マスコットのアトー、ニック、キャズという3体のキャラクターにしてもＦＩＦＡがつくって持ってきたものを認めただけだった。単独開催ならこちらももっと意見を出したろうが、共催となって、日本と韓国でマスコットのデザインを一本化する道のりの険しさを思うと、もうこれでいいよと丸投げする格好になった。

ＦＩＦＡの路線変更には、アベランジェとヨハンソンの対立の際に出てきた「ビジョン」という組織改革案が絡んでいるのだと思う。あの中で欧州側はアベランジェ会長がＷ杯の潜在能力を活かしきっていないと非難した。その最たる例が安すぎるテレビ放映権料だと。

反対陣営の戦略をそのまま丸呑みしたように、アベランジェ会長もアベランジェから政権を禅譲されたブラッター会長も（ヨハンソンは98年の会長選挙で敗退）、その後、Ｗ杯を最大限にマネタイズする道を突き進むようになる。

初めての共催ということで、日韓大会はＦＩＦＡにとっても試練がいろいろとあったのだろうが、ビジネス面で旨味の多い大会になったと思う。

Ｗ杯の放映権料とスポンサー収入はこの後も倍々ゲームで増えていった。そのあまりの膨張のスピードに組織の近代化が追いつかなかったことを、今となっては痛感せずにいられない。

第六章　２０１１年　女子Ｗ杯ドイツ大会なでしこ優勝

佐々木則夫監督、澤穂希キャプテンと（2011年）

日本人3人目のFIFA理事誕生

ワールドカップ（W杯）日韓大会の興奮も冷めやらぬ間に、私は国際サッカー連盟（FIFA）理事に就任した。2002（平成14）年8月のことである。日本人のFIFA理事誕生は3人目で、野津謙元日本サッカー協会会長以来、33年ぶりのことだった。それから私はこの職を2期9年にわたって務めた（本当は1期4年で2期8年になるはずだったが、途中でFIFAの規約が改正され、改選時期がずれた時があり、それで在任が1年延びたのだった）。

野津さんの後、日本は94年に村田忠男さん（当時副会長）がアジアサッカー連盟（AFC）選出のFIFA副会長選挙に敗れ、97年には川淵三郎さん（当時副会長）が、98年には私がFIFA理事選挙で当選できず、3連敗に終わっていた。「四度目の正直」で私が勝てたのは、前章でも述べたとおり、W杯日韓大会の成功が本当に大きかった。同時に、それまで地道に積み重ねたアジアでの活動を投票権があるAFCの仲間たちが認めてくれた面もあったと思う。

2002年大会後、アジアのサッカーに対する世界の見方も変化し、それはワールドカップのアジアからの出場枠増にもつながったのだった。

私がＡＦＣの中で最初にやった仕事はコンペティション関係だった。ＡＦＣの理事は鄭夢準氏にＦＩＦＡ副会長選挙で敗れるまで、村田忠男さんがずっとやっていた。落選の責任を取って、村田さんはＪＦＡやＡＦＣでの職を退き、ワールドカップの招致活動に専念された。その結果、それまで村田さんがやっていたＡＦＣでの仕事をほぼすべて、私が引き継ぐ形になった。日本はＦＩＦＡ副会長の選挙には惨敗したが、ＡＦＣ理事選挙には当選していた。その仕事が私のアジアでの活動のとっかかりになったわけだ。

ＡＦＣの各種委員会で下積みをやったことは後々、とても役に立った。コンペティション委員会の副委員長の他にユース関係の委員長になり、アジアのあちこちを回って大会の運営をすることが私も嫌いではなかった。いろいろな国の人たちと一緒にチームを組んで運営の仕事をすると、どんどん顔がつながっていく。レフェリーにも友人ができる。そうすると「また会ったね」という感じで大会に関わることがますます楽しくなった。

そうやって真面目に仕事をしているとＡＦＣの委員だけではなく、ＦＩＦＡの委員会からも誘いが来るようになり、入れてもらったのがユース委員会だった。これを推薦してくれたのは、どうやらW杯フランス大会アジア最終予選の開催場所をめぐってさんざん闘ったアルダバルらしい。この時、アルダバルはもうＦＩＦＡの理事だったから、それくらいの力はあったのだった。

ワールドユース日本準優勝

ＦＩＦＡでアンダーエージの大会運営に携わるようになり、最初に任された仕事が忘れもしない、99年4月にナイジェリアで開かれたワールドユース（現ＦＩＦＡ Ｕ－20ワールドカップ）だった。

忘れもしないというのは、まず、競技面で日本代表が大きな成果を上げたことがある。小野伸二（北海道コンサドーレ札幌）、稲本潤一（現ＳＣ相模原）、本山雅志（現ギラヴァンツ北九州）、小笠原満男、中田浩二（ともに元鹿島アントラーズ）、遠藤保仁（現ガンバ大阪）、高原直泰（現沖縄ＳＶ）ら〝黄金世代〟と呼ばれた日本の若者が躍動し、準優勝に輝いた。日本代表が世界大会で初めて決勝に進出するという歴史的な大会にかかわることができた。

思い起こせば、ＦＩＦＡの仕事に最初にかかわったのも、79年に日本で開催されたワールドユースだった。日本は松本育夫監督のもと、水沼貴史、柱谷幸一、風間八宏、尾崎加寿夫らが出場。1次リーグで惜しくも敗退したが、後に彼らは日本を代表する選手へと成長していった。優勝したのは、あのディエゴ・マラドーナを擁するアルゼンチン代表だ。この大会に私は組織委員会の財務委員、警備担当委員としてかかわった。

ＦＩＦＡとはこの後、トヨタカップやＷ杯の招致活動を通じて関係を持つようになったが、海外で一緒に仕事をするのはこのワールドユースが初めて。そういう意味でも思い出深い。

ナイジェリアでの出来事が印象深いのは、大会前からそして大会中も日本代表を率いるフィリップ・トルシエ監督にさんざん振り回されたせいでもある。

トルシエ監督は日本に来る前、ナイジェリア代表監督を務めた経験があったため、日本代表の宿泊先にＦＩＦＡが推薦したホテルを選ばなかった。複数あった候補に全部ダメを出し、主務の山下恵太君に「ここにしろ」と命じたのは、ＦＩＦＡのリストにないホテルだった。ナイジェリアの内情をよく知っている監督がそこまで言うならと信頼し、山下君はＦＩＦＡに頼み込んでリスト外のホテルに泊まれるようにした。

日本はグループリーグをカノ、バウチ、バウチ、ベスト16の試合をバウチ、メキシコとの準々決勝をイバダンという都市で戦った。そしてフォルラン擁するウルグアイとの準決勝からやっと首都のラゴスで戦えた。

決勝トーナメントを勝ち上がった後だったと思う。ホテルに入ると、監督のイメージとどうも違っていた。食事をする際に蚊がブンブン飛んでいて落ち着いて座ってもいられないという。トルシエ監督は「こんなところにいられない。日本に帰ろう」と言いだした。周りがいくらなだめても耳を貸さない。

困った山下君はＦＩＦＡサイドにホテルの再度の変更を願い出た。ＦＩＦＡのコーディネーターにすれば、「変えろというから無理して押さえたホテルを、また別のホテルにしろとは何事か」と困惑し、「オグラに言え」となって私にトラブル処理のお鉢が回ってきた。

大会運営本部に詰めていた私は、本来なら突っぱねていい案件だと思ったが、試合に支障が出ては選手がかわいそうだ。ＦＩＦＡと日本の間に立って、なんとか別のホテルを用意して事なきを得た。

決勝はスペインに０－４で完敗した。主将の小野が準決勝で遅延行為による警告を受け、累積で決勝に出られなかったのは痛恨だった。向こうには後に世界チャンピオンになるＭＦシャビやＧＫのカシージャスらがいて強いチームだったことは確かだが、力が出なかった背景には「おにぎり事件」があった。

選手たちの食欲の逞しさ

大会期間中は現地の日本大使館と日本人会に本当に助けられた。選手たちは現地のホテルが用意してくれた食事を毎日食べることになるが、長期間の滞在となれば日本食が恋しくなってくる。佐々木高久大使夫妻は最初の歓迎パーティで、おにぎりを大量につくってくれて、これには選手、スタッフも大感激。奥様から「決勝前にはまたみなさんにつくって持っていきます」と言われたものだから、みんなのテンションがまた上がった。

実際、決勝当日は、おにぎりが試合前に食べるものとして用意されていたのだが、選手たちがそれを口にすることはなかった。聞いたところでは、試合当日の早朝の散歩がトルシエ監督の気まぐれから突如、ハードな朝練に変わり、タイムスケジュールが押しに押して、朝食、昼食、試合食（おにぎり）という食事のローテーションに狂いが生じたらしい。

監督が「試合前にそんなもの（おにぎり）を食べさせるな」と命じたために、選手は空腹のまま試合をすることになった。食い物の恨みの怖さというか、あの一件からトルシエ監督のことを嫌いになったという選手が結構いる。

決勝戦の後にレセプションがあって、そこにサーの称号を持つイングランドサッカーの偉人、ボビー・チャールトン卿が来ていた。選手たちはパーティの最中、ビュッフェ形式の食べ物を臆せず取りに行ってテーブルでもぐもぐ食べている。それを見て、私がボビーさんに「すごいだろ、日本の若い選手は。こういう場に出てきても物怖じせずに食事できるようになったんだから」と自慢した。

そうしたら、ちょうど小野が目の前に来たので「今、君らがインターナショナルになりましたってことを自慢したところだよ」と話しかけると、小野が「違います！　僕ら単純におなかが空いているだけです！」。後で子細を聞いて、おにぎりをつくってくれた現地の大使館や日本人会の人たちに本当に申し訳なく思った。

外国人監督に苦労する代表チーム

騒動といえば、このワールドユースはナイジェリアに旅立つ前からトルシエ監督の扱いに困るトラブルがあった。予防注射の一件がそうだ。

日本からナイジェリアのような国にいく場合、ＦＩＦＡからあらかじめＡ型、Ｂ型の肝炎に破傷風など４種６本の予防接種を済ませておくことが求められていた。その予防接種の種類と数に日本とフランスで違いがあることがトラブルの元になった。

われわれは若い選手を親御さんやクラブから預かってナイジェリアに連れて行く責任があるから、予防接種も万全を期そうとした。裏返せば、少しでも予防接種に抜けのある選手はナイジェリアには連れて行けないと考えた。

トルシエ監督は違った。予防接種の中にはレコメンデーションと書いてあるものもある。義務ではなく推奨だと。そんなものは打っても打たなくてもいいんだ、という論法だった。現にフランス人はそうだと。

われわれが、予防接種を打てというのはＦＩＦＡの指示でもある、と伝えても耳を貸さない。挙げ句にそうやって予防接種をさせるのはアフリカへの差別だという論陣まで張り出した。「アジアに行くときはそんな注射、打たないだろう」と。

どうしても予防接種をしていない選手を連れて行くというので、私と当時技術委員長だった大仁邦彌さんは説得を諦め、「もういいよ。辞めてもらって。監督を降りろ」とトルシエに言い捨ててその場を去った。最後はトルシエのほうが折れてきて、予防接種を済ませた選手だけを連れて行くことになった。

この件を巡ってトルシエは、成田空港の公衆の面前で、日本選手団の団長だった大畠襄日本サッカー協会医事委員長に食ってかかったりもした。大畠さんといえば東京慈恵会医科大学の教授としてドーピングなどFIFAの仕事もたくさんされてきた大先生である。お門違いの難癖に周りの人間は顔面蒼白になったのだった。

この話にはオチがあり、日本代表がナイジェリアに入ると1次リーグE組で同居するアメリカやイングランドと宿舎が同じだった。すると両チームの待遇のすごいこと。ナイジェリアに駐留する米国、英国の軍隊から連日のように食べ物が運びこまれ、予防接種も全部打ってきた、という具合に衛生管理を日本以上に徹底してやっていた。それを見てからトルシエ監督は二度とこの問題を持ち出さなくなったという。

私には小野たちが世界の檜舞台で活躍する予感があった。ワールドユースの出場権を勝ち取った98年10月の、タイ・チェンマイで開催されたAFCユース選手権（現AFC U‐19

選手権）で、私は団長としてチームと一緒に過ごした。その際、清雲栄純監督に率いられたチームは選手全員の仲が良く、一つになって盛り上がれる強みを感じたからだった。

面白いエピソードがある。滞在していたホテルの隣に、タイ式マッサージの訓練学校があった。その頃はマッサージを担当するマッサーなどユースチームにはいなかった。すると訓練生に２００円ほどの額を払えば、マッサージしてもらえることがわかり、選手全員でワーッと押しかけて広いスペースがあるところでみんなでやってもらった。そのときの自由闊達な雰囲気が良くて、こういう選手たちがフル代表に入ってきたら面白くなるだろうなと思った。

ＡＦＣユース選手権の日本は決勝で韓国に敗れて２位だった。宿舎のホテルに戻ったら、泊まるフロアは違っていたのに、日韓の若者たちがお互いに健闘を称え合ってすっかり仲良くなっていた。盛り上げ役の播戸竜二が交流の場を仕切って大いに沸かせ、スポーツマンらしい素晴らしい光景だった。

翌日、韓国代表と一緒にバンコクの空港に向かった。出発ゲートに入るや否や、日本の選手も韓国の選手も走り出している。みんな免税店に化粧品を買いに行くのだという。すると別室で一緒に待っていた韓国の監督が「世の中は変わった。軟弱な時代になったなあ」と嘆くことしきり。僕らは「今の子供たちはみんなそうですよ」と慰めた記憶がある。

いろいろ面倒なこともあったが、ナイジェリアのワールドユース準優勝は日本サッカーの未来に大きな希望の灯をともしてくれたのは間違いない。彼らのプレーは先行する世代と明らかに違っていた。プレーが柔軟で物怖じせず、小野を筆頭にボールテクニックはどこと戦っても引けを取らなかった。

彼らの、言い換えれば日本サッカーのポテンシャルに一番驚いたのは間近で見ていたトルシエ監督だった。彼はあそこから、ワールドユース組を母体にオーバーエージを組み込んで翌年のシドニー五輪を戦い、そのメンバーをベースにさらに02年W杯日韓大会を戦う構想を描くようになった。ナイジェリアの成功がなければ、そこまでの踏ん切りがついたかどうか。

私はこの後、02年W杯日韓大会は組織委員会の側でトーナメントダイレクターとして働き、FIFA理事になった後は、U－17W杯は03年フィンランド大会、05年ペルー大会、07年韓国大会、09年ナイジェリア大会の責任者を任され、W杯も06年ドイツ大会でシュツットガルトの、10年南アフリカ大会でポートエリザベスの責任者を務めた。どれも大変な仕事だったが、それでも99年のナイジェリアのワールドユースでの苦労は別種のものだった。

停電や電話の不通は当たり前。蚊の多さにも閉口した。本部と電話での連絡もなかなか取れない状況の中、チームバスが来ないなんてことも日常茶飯事。

ザンビアの試合の時にはチームが国歌を録音したテープを忘れてきてしまった。大使館に問い合わせても間に合わず、急遽、ザンビアの選手を集めて国歌を歌わせ、それを録音して会場で流した。

首都ラゴスへの移動で英国航空の飛行機を2機チャーターしたら、1機は故障、1機はこれまたパイロットのストで飛び立たない。「飛べる飛行機はないのか」と交渉したら「ナイジェリア航空ならある」。しかし、これには欧州の関係者が「死にたくない」「絶対に危ない」と大反対。私たちＦＩＦＡスタッフも一緒に乗ることを条件に何とか説き伏せて、全員を押し込んだ。本当にてんやわんやだった。

ただ、そういう苦労を知恵と機転を働かせ、乗り越えた仲間とは固い絆で結ばれるようになった。

運営チームは大会組織委員会の現地スタッフとＦＩＦＡから派遣されたスタッフ、そしてボランティアの混成部隊。フル代表のＷ杯だと、およそ20ヵ国からセキュリティや運営のプロフェッショナルが集められる。そのとき、ゼネラルコーディネーターとして私を助けてくれたチリのハロルド・メインニコルズは後に同国サッカー協会会長となり、２０１８年と22年のＷ杯招致ではＦＩＦＡのインスペクションの団長を務めるまでになった。メディアオフィサーだったフランスのルブラン・アランはＦＩＦＡで広報の責任者に転じた。

大会で「あいつは使えるな」とわかったスタッフは、ＦＩＦＡのほうから「次にどこそこでこんな大会があるから手伝ってくれないか」と声がかかるようになる。すると別の大会でまた顔を合わせたりするようになる。そういう人と人のつながり、広がりが、いろんな場所で効いてくる。

レフェリーもそうだ。私がアジアのレフェリーを大勢知っているのは、ユースの大会などでは運営チームとレフェリーが同じホテルに泊まることが多いからだ。食事会場などで一緒になると朝食をともにすることもある。

ユースの大会できちんと笛を吹けば、それはアジアカップやW杯で吹ける道につながる。レフェリーの査定は審判委員会の管轄だから私がタッチすることはないが、ＦＩＦＡ理事が見ている前で変なジャッジはできない。「このレフェリー、ダメだな」と思われたくないと張り切るのは人情だろう。

だからといって、日本の試合でレフェリーたちが日本寄りの笛を吹くことは決してない。が、変な笛は吹けないという抑止力にはなるだろう。ＦＩＦＡ理事のプレゼンスは有形無形の影響力があると個人的には思っている。

経験を積むに従って、大会運営の勘どころのようなものがつかめるようになる。これは実際にあった話だが、国旗の取り違えというようなことも不慣れなスタッフばかりだと起こることがある。

それがケアレスミスによる取り違えではないこともあるからややこしい。例えば、一つの同じ大会に中国と台湾が出るとする。大会のプログラムを作成するために国旗の図案が必要だとなる。そのとき、大会の組織委員会がその国の中の台湾の出先の機関に「国旗の図案を提供してほしい」と頼むと、青天白日満地紅旗を出してくる可能性がある。ご存じのとおり、この旗は、中国との兼ね合いでオリンピックやW杯など国際的なスポーツイベントの場で掲揚されることはない。そういうものをプログラムに使ったり、試合前の国歌斉唱のときに掲げたりすると大変なトラブルの元になるわけだ。

経験を積んだスタッフなら、そういう国際大会で踏んではいけない各種の〝地雷〟の在り処が事前にわかっている。が、中国と台湾の複雑な関係などまったく知らない人はスポーツの世界にもいくらでもいる（そもそもW杯の日韓共催も、両国の歴史的関係など一切知らず、隣同士だから仲良くやれるだろう、くらいの感覚で捉えていたFIFA理事が結構いた）。

そういう人間が、たまたま式典担当にいたりすると、領事館からもらった国歌のテープや国旗をそのまま使えると思ってしまう。大会の3日前くらいに現地入りした私が「この国旗、使えないよ」と指摘して、印刷し直したり、旗を変えさせたりしたケースは結構ある。

印刷物の図案の間違い一つで「納得できない。もう選手を引き上げさせる」と中国が怒って、AFCや大会の組織委員会ともめることもあるわけだから、それが政治的な意図のない間違いだとしても、ケアレスミスと見過ごすことも笑って済ますこともできない。

FIFA理事（現在は評議員という呼び方に変わった）の仕事は、今は田嶋幸三日本サッカー協会会長が引き継いでくれている。同じ国際交流をするのでも、FIFAの中にポジションを持つのと持たないのとでは、やれる仕事に大きな差が出てくる。理事会（現在は評議会）にいることで、入ってくる情報の質も量も格段に上がる。

理事（評議員）以外に、AFCやFIFAの各種委員会にマンパワーを送り込むことも大事だ。そういう人材をそれなりのポジションにつけることで、きめ細かな外交や国際交流が可能になる。両方の立場を経験した私の、次代に託すメッセージと思ってもらいたい。

日本サッカー協会の2005年宣言

2005（平成17）年1月1日、日本サッカー協会（JFA）の川淵三郎会長（当時）は天皇杯決勝の舞台となった東京・国立競技場で「JFA2005年宣言」を行った。

～DREAM　夢があるから強くなる～というサブタイトルがついたこの宣言は、JFAの理念として「サッカーを通じて豊かなスポーツ文化を創造し、人々の心身の健全な発達と社会の発展に貢献する」と表明。

ＪＦＡのビジョンとして、

「サッカーの普及に努め、スポーツをより身近にすることで、人々が幸せになれる環境を作り上げる」

「サッカーの強化に努め、日本代表が世界で活躍することで、人々に勇気と希望と感動を与える」

「常にフェアプレーの精神を持ち、国内の、さらには世界の人々と友好を深め、国際社会に貢献する」

と掲げた。

さらにその実現に向けて、２０１５年と２０５０年をめどに、それぞれ２つの目標を達成するとした。

前者の目標は、世界でトップ10の組織となるために、「サッカーを愛する仲間＝サッカーファミリーが５００万人になる」ことと「日本代表チームは、世界でトップ10のチームとなる」こと。

後者は、すべての人々と喜びを分かちあうために、「サッカーを愛する仲間＝サッカーファミリーが１０００万人になる」ということと、「ＦＩＦＡワールドカップを日本で開催し、日本代表チームはその大会で優勝チームとなる」ということ。

この中長期の目標策定はＪＦＡ会長だった川淵三郎さんの強い思いの表れだった。

宣言からちょうど10年がたった２０１５（平成27）年には、その進捗状況を検証するとともに、新たに「ＪＦＡの目標２０３０」を策定した。

15年当時でプレーヤーの数は約２８０万人（目標値３００万人）、指導者の数は約15万人（同15万人）、審判の数は約27万８０００人（同30万人）などとなっていて、トータルは５２６万２２２０人と発表された。

そうした数字を踏まえ、２０３０年までの達成目標としてサッカーファミリーを８００万人にすること、日本代表はワールドカップに出場を続けて30年までにベスト４に入ること、ＪＦＡが世界でトップ３の組織になること、を改めて宣言したのだった。

これらの公約が大変に高いハードルであることはいうまでもない。平成の時代に右肩上がりの急成長を遂げた日本サッカーではあるが、世界のサッカーの進化も急である。その差を埋めることは並大抵のことではない。

しかし、決して夢物語ではないとも思う。現実に、部分的にではあっても成し遂げた者たちがいるからだ。

女子サッカー日本代表の「なでしこジャパン」のことである。２０１１（平成23）年６〜

7月、ドイツで開かれた女子W杯で彼女たちは優勝候補のドイツ、米国などを次々に下して優勝という快挙を成し遂げた。パワーとスピードを前面に押し出す列強に対し、高度な戦術眼に裏打ちされたパスワークとテクニック、ひたむきな姿勢で対抗した、なでしこの優勝は世界に衝撃を与え、東日本大震災に打ちひしがれていた日本を大いに元気づけた。

2005年宣言でJFAがビジョンに掲げた「日本代表が世界で活躍することで、人々に勇気と希望と感動を与える」「常にフェアプレーの精神を持ち、国内の、さらには世界の人々と友好を深め、国際社会に貢献する」という文言をまさに地で行ったわけである。優勝する前年の2010(平成22)年、JFA第12代会長になっていた私にとって、それは大きな驚きであり、喜びであり、FIFAの大勢の仲間からも祝福されて晴れがましさでいっぱいの出来事だった。

北京五輪なでしこ大活躍

私が、なでしこジャパンに対し「これはひょっとすると……」と感じたのは2008年北京五輪のときだった。レスリングやバレーボール、バスケットボールのように日本の場合、男子より女子の方がメダルの可能性が高いと感じる競技がある。サッカーも世界の頂点に対する距離は女子の方が近いと前々から感じていた。

1991（平成3）年にFIFAが女子W杯を創設してから、なでしこジャパンは全大会に出場。96年アトランタで正式種目になったオリンピックも96年、04年、08年と出ていた。

それまでのなでしこは、きらりと光るいいものはあるが、最後は体力差や身長差で押し切られるという、歯ぎしりするような負けが多かった。

北京五輪の私はFIFA側の役員として瀋陽会場の責任者の立場で働いた。五輪のサッカー競技は他のプログラムと比べても集客力があり、どこでやっても人が集まるということで瀋陽以外に上海、天津、秦皇島も会場に選ばれていた。北京では準決勝まで勝ち進まないと戦えない。このときのなでしこは瀋陽で1試合もプレーしなかったので、私が生で観たのは準決勝の米国戦からだった。

なでしこは初戦を秦皇島でニュージーランドと戦って2―2の引き分け、第2戦は米国に0―1で敗れた。そのニュージーランドを米国が4―0で下したのを瀋陽で目の当たりにして度肝を抜かれた。が、同日同時刻の試合でなでしこも優勝候補の一角ノルウェーに上海で5―1と大勝したのだった。日本は3位チームの中で最も成績が良く、準々決勝に駒を進めることができた。

準々決勝の相手は中国。よりによって試合がある8月15日は中国の戦勝記念日だった。午前中に日本大使館の梅田邦夫公使から、試合会場の秦皇島に大使館員を派遣し、日本人と中国人サポーターの間でトラブルが起きないようにすると連絡があった。聞くと、中国側は「文明支援隊」と呼ばれる組織化された公式応援団を用意し、中国への応援が過熱すると相手チームに声援を送ってスタンドが沸騰しすぎないようにするのだとか。ボランティアのユニホームを着ていても実は公安関係者で、応援マナーのひどい客には注意を促す役目の者もいたらしい。そういう人たちの協力もあってか、日本が2—0で中国に勝っても大きなトラブルは発生しなかった。

ノルウェーに勝って勢いがついた日本は中国戦も素晴らしい試合をした。北京五輪の戦いを観ていない人にすれば、急になでしこが強くなったと思うかもしれないが、そうではなかった。この大会でなでしこの強さにひかれた人物にヨゼフ・ブラッターFIFA会長がいる。

準決勝に備えて、瀋陽会場を畳んで北京に移動すると、ブラッター会長がいて「すごいな、日本の女子は」といきなり絶賛してくる。どうやら中国戦を生で観たらしく「面白いサッカーをする」と手放しで褒めてくれる。「準決勝の米国戦が楽しみだ」と。

実際、準決勝はブラッター会長と隣り合わせで観戦した。残念ながら日本は健闘むなしく米国に2—4で敗れた。会長は「残念だけれど、まあこうやって負けることもあるよ」と私を慰め、おとなしく帰っていった。

それが銅メダルを懸けた試合で、米国戦と同様にドイツに、ヘディングで0―2で負けると怒り心頭。「また同じようにやられているじゃないか！　日本にはもっと大きなゴールキーパーはいないのか！」と言って、私の足を蹴飛ばして帰っていった。それくらい日本に肩入れしてくれていた。

優勝したなでしこが掲げたバナー

2011（平成23）年の女子W杯ドイツ大会は6月26日から7月17日にかけて9会場で実施された。決勝の舞台はフランクフルト。B組の日本はニュージーランドに2―1、メキシコに4―0で勝ってグループリーグ突破を決め、最終戦のイングランドに0―2で負けて、2位でベスト8に進んだ。

その準々決勝で3連覇を狙ったドイツに延長戦の末に1―0で勝ったことは女子サッカー史に残る番狂わせだったかもしれない。勢いがついた日本はスウェーデンにも3―1で快勝し決勝戦に進出。最後は米国と2―2の点の取り合いを演じ、延長戦でも決着せず、PK戦（3―1）で強豪米国を退けたのだった。

優勝した直後はとにかく祝福攻めにあって大変なことになった。ブラッター会長も「あんたは日本人か？」というくらいの喜びようだった。

実は女子W杯とほぼ同時期に、メキシコでは男子のU－17W杯（6月18日～7月10日）が行われていた。こちらはこちらで吉武博文監督率いる若人たちがベスト8まで勝ち進み、ブラジルと2－3の接戦を演じる活躍を見せてくれていた。

私は11年のFIFA総会をもって定年でFIFA理事長職とU－17W杯組織委員会副委員長を辞していた。ところが、U－17W杯組織委員長のジャック・ワーナーがW杯南アフリカ大会のチケット不正販売を追及されて大会に不在。後任の副委員長だったデビット・チャンも大会途中で帰国することになり、ブラッター会長以外の役員がメキシコにいないという妙な事態になりそうだった。それでFIFA事務局が私に「助けて」というSOSを寄越し、急遽メキシコに駆けつけたのだった。それゆえに、なでしこがドイツに勝った準々決勝もメキシコのテレビで観た。ドイツに取って返したのはU－17W杯が地元メキシコの優勝で幕を下ろした後だった。

米国対なでしこの決勝戦、ブラッター会長は私を前の席に座らせた。そして「今日はいけるぞ」「日本が勝つよ」と私にささやく。ところが、試合は立ち上がりから米国ペース。すると会長は「準決勝の日本と全然違う。どうなっているんだ！」とまたまたおかんむり。ところが、25分くらいから日本のエンジンが掛かり出すと途端に機嫌が良くなり、隣にアベランジェ前会長がいてもお構いなしに「GO！　GO！」と騒ぎだした。

そんな調子だから、最後にPK戦で優勝が決まったときは「今日はオグラの日だ」と抱きつかんばかりに喜んだ。他の理事たちも「カップはオグラが渡せばいい」などと口にしては祝福してくれた。

驚いたのは後日、米国のニューヨーク・タイムズやワシントン・ポスト1面にまで、なでしこの勝利をたたえる記事が載ったことだ。知り合いの外務省のお役人も「すごいことですよ。日本の首相が訪米しても、こんな扱いされませんよ」と連絡してくれた。

試合の中身が素晴らしかった。米国とのファイナルも含めて、佐々木則夫監督に率いられた選手たちは、クレバーなサッカーをやり続けた。それまでの女子サッカーの標準だったパワーとスピードの世界に「巧緻性」を持ち込んだというか。前年の男子のW杯南アフリカ大会でスペインが悲願の優勝を遂げた後だったこともあり、なでしこのスタイルは「女性版スペインのようであり、バルセロナのようだ」とたたえられた。北京五輪で悔しがっていたブラッター会長は「女子サッカーに革命を起こした」とまで言ってくれた。

なでしこが、ひたむきに頑張ったのは、日本における女子サッカーの地位向上を第一に考える選手たちの集まりだったというのも大きい。それと、やはり同じ年の3月に日本を襲った東日本大震災のことが念頭にあった。

国難ともいえる事態に遭遇し、多くの犠牲者を出し、生活の基盤を根こそぎさらわれた人がいる。震災直後、スポーツなんかやっている場合ではない、スポーツなんか何の役にも立たない、と無力感に襲われる日々が続いたが、そこから何かやれることはないか、自分たちでも役に立てることがあるのではないかと思い直した彼女たちは、揺るぎない覚悟のようなものを胸中に宿すようになっていた。

なでしこたちは試合の後、必ず1枚のバナーを持ってピッチを一周した。「To Our Friends Around the World Thank You for Your Support」。それは大震災と原発事故という未曾有の困難に直面する日本に、世界中から寄せられた支援に対する感謝の言葉をつづったものだった。

この行為には前段があって、前年のAFC女子アジアカップ（成都）で日本が3位になったとき、「THANK YOU CHINA」というバナーを持って回ると「日本人は偉い」と中国の関係者から高い評価を受けた。そのことが頭にあった私は、ドイツの女子W杯でも試合後にお礼のバナーを掲げて選手を歩かせたいとFIFAに掛け合い、了承を得たのだった。

グループリーグが始まる前に選手にそのことを伝えたら、きょとんとする選手がいた。「なんでバナナを持って歩くんですか?」と。主将の澤穂希が「バナナじゃないよ。バナーだよ」とたしなめて、爆笑の渦。

女子の世界は男子に比べてギスギスしていないというか、イングランドの選手のように、一緒にそのバナーを持って歩いてくれたりする良さがある。なでしこたちにそんなつもりはなかったが、試合後、感謝のバナーを持って歩くことで、共感を覚えてくれるお客さんもどんどん増えていった。準々決勝で日本に敗れたドイツのお客さんは、明らかにその後、日本を応援するような感じがあった。

「この子たちに勝たせてやりたいな」という感情が素直にスタンドから湧いてくるというか。そういうことが運も味方につけるような流れをもたらした気がしている。

W杯後、なでしこジャパンは一躍時の人になった。8月には「国民栄誉賞」を受賞、11月には「紫綬褒章」を受章した。その年の新語・流行語大賞にも「なでしこジャパン」は選ばれた。

サッカー界にも大きなインパクトを与えた。11年度のＦＩＦＡ年間表彰式において、佐々木則夫監督が女子の最優秀監督に、エースの澤穂希が女子最優秀選手に選ばれた。どちらもアジア人初の受賞だった。表彰式で和装の澤さんと男子の最優秀選手に選ばれたメッシ（ＦＣバルセロナ）がツーショットで収まった。シンプルにすごいことだった。

澤さんといえば、２０１２年のＦＩＦＡ総会で参加者全員に配られた２０１１年度のアクティビティリポートの表紙にも彼女が登場した。ＦＩＦＡがアクティビティリポートの表紙に選手の写真を載せたのは初めてのことだと、後で聞かされた。総会の会場に入ってきた各国協会のメンバーは、私に向けてそのリポートを掲げて「よかったね」と一緒に喜んでくれた。非常に名誉なことだった。

小柄な日本の女性が大柄な欧米の選手と渡り合う姿は、世界中の女性プレーヤーに勇気と希望を与えた。アジアではどんどん女子サッカーへのニーズが高まり、日本に対して指導者派遣を要請する声が増えた。パスサッカーの本家のスペインも女子サッカーに力を注ぎ始めた。

2012（平成24）年5月の総会でFIFAは史上初の女性特任理事を誕生させたが、これも、なでしこジャパンの頑張りが多少なりとも影響していると言われた。遅ればせながらではあるが、13年の総会では女性理事の選挙が行われ、議決権を持つ理事が誕生することになった。

だいたい、サッカーの競技人口における男女比率は世界的に見ると9対1とされる。宗教的な問題もあり、世界中の女性の誰もが、したいからといってサッカーができるわけではない。米国は女子サッカーの競技人口が飛び抜けて多いことで知られるが、それはあの国の場合、学校などでも男子の競技部をつくったら、必ず女子もつくらないといけないことが背景にあるとされる。スポーツの男女平等がルールとして徹底されているわけである。

米国のサッカー登録人口約４５０万人のうち、２２０万人が女性とされる。日本はわずか３％。この比率を増やすには中体連（日本中学校体育連盟）や高体連（全国高等学校体育連盟）に女子サッカー部が増えないと難しい。また、Ｊクラブにアカデミーからトップチームまで女子部門を持ってもらうことを強く働きかける必要もあろう。

小学校までは男女一緒にサッカーをやれても、中学校からは体格差がついて一緒にプレーするのは難しい。しかし、中学校には女子サッカー部という受け皿が少ないので、この段階で他の競技に人材が流出してしまう。そういう意味では中学生年代をどう発展させていくかが今後の日本女子サッカーの鍵を握っていると言えるだろう。

アジアやアフリカの女子サッカーは「これから」という国が多い。裏返せば、それだけ伸び代があるということだ。

女子W杯出場国はドイツ大会までは16だったが、次の15年カナダ大会から24チームに増えた。遠からず、32チームの時代が来ると確信している。

大震災の翌年の12年8月に女子のU‐20W杯を日本で開催したのは赤字覚悟だった。本来、ウズベキスタンでやるはずだったものが事前のインスペクションで不備があり、ＦＩＦＡから急遽、代替開催の打診を受けたのだった。急な話だったが、私が受け入れる気になったのは、ＦＩＦＡに貸しを作るわけではないが、この開催が女子のW杯開催にいつかつながると思ったからだった。

２００５年宣言で示したとおり、50年までに日本でＷ杯を開催し、そこで優勝することは、日本サッカーが公に掲げるターゲットだ。しかし、当面は男子のＷ杯を日本が開催するのは難しいだろう。２０２２年にカタールで開いた後、次にアジアでやるとなったら、中国やインド、オーストラリア、あるいはＡＳＥＡＮなども名乗りを上げてくるだろう。これらの国、地域はいずれも初開催になるからアピール度は高い。共催とはいえ、一度やったことがある日本は不利だ。

しかし、アジアで競争相手ひしめく男子のＷ杯に対し、女子のＷ杯日本開催は非常に可能性が高いと思っている。初開催の上に、われわれには「女王」という称号もある。

２０２３年の女子Ｗ杯について、ＦＩＦＡは、19年3月15日までに立候補の意思表示を受けつけ、20年3月の評議会で決めると発表した。その実現のために招致の先頭に立ち、招致に成功したら組織委員会をリードする立場に就いてほしい人がいる。もちろん、それは澤穂希さんを措いて他にない。

第七章　社会インフラとしてのサッカー

2011年3月29日チャリティーマッチ開催　©渡部薫

勝ちに恵まれた日本代表

2011（平成23）年6月1日に行われた国際サッカー連盟（FIFA）総会で、私は9年間務めたFIFA理事の座から退いた。その前年の10年7月25日に開催された日本サッカー協会（JFA）の評議員会・理事会で、私は副会長から第12代日本サッカー協会会長に就任することが決まった。71歳になって予期せぬお鉢が回ってきて、短期間ながらFIFA理事とJFA会長職を兼務した時期があったわけである。

直接のきっかけは、犬飼基昭会長が急に辞任されたことだった。当時、私はまだFIFA理事であり、アジアサッカー連盟（AFC）の理事としてもアジアの大会に出席する機会が多く、その仕事を大切に思ってもいた。激務を思うと兼務はとても無理で、会長になることを固辞した。が、FIFA理事は定年制の絡みで11年には退くことが決まっていたから兼務の期間は短いはずだと周りに説得され、引き受けたのだった。

会長になって良かったのは多くの栄冠をサポートできたことだ。勝ち運に恵まれたというか、会長に就任してすぐの10年9月にU－17の女子がW杯で準優勝し、その後のアジア競技大会（中国・広州）で日本の男女がアベック優勝した。翌11年には男子のU－17代表はW杯（メキシコ）でブラジルに敗れたものの、18年ぶりのベスト8に進出した。

フル代表もアルベルト・ザッケローニ監督に率いられた男子日本代表が1月にカタールで行われたアジアカップで幾多の艱難辛苦を乗り越えて4回目の優勝を果たした。そして極め付きが同年夏の女子W杯を「なでしこジャパン」が制覇したこと。このときは元会長の岡野俊一郎協会最高顧問（当時）からお手紙をもらい、「日本サッカーの歴史の中でこんなに勝った会長はいない」と褒めてもらった。

9月にはビーチサッカー日本代表がW杯に出場し、世界女王のなでしこジャパンはアジア予選をクリアしてロンドン五輪の出場権を獲得。12年3月には男子のU－23日本代表がロンドン五輪出場を決め、フットサル代表も4大会ぶりのアジア王者として11月にタイで開催された世界大会に挑んだ。

在任中はアジアレベルでの戦いで、負けて悔しい思いをした記憶がほとんどない。本当に幸運な会長だったと思う。

私が会長になる前から取り組んでいたことだが、在任中の12年4月にJFAは公益財団法人として承認され、税務上の優遇措置を受けられることになった。これで社会的な信頼度も増し、「育成」や「スポーツ環境の充実」などにさらにおカネをつぎ込むことができるようになった。

シルバーカップの復元

在任中の思い出の一つに、11年8月に英国・ロンドンのウェンブリースタジアムで受け取ったＦＡシルバーカップがある。

そもそも日本サッカー協会の前身である大日本蹴球協会が誕生したのは、英国から１９１９年にシルバーカップが寄贈されたことがきっかけだった。在日英国大使館の書記官補を務めていたウィリアム・ヘーグさんが当時の新聞か何かで日本人が集まってサッカー大会をやっていることを知り、それを本国のサッカー協会に伝え、カップをつくらせて送らせた。それを寄贈したいと言ってきた時に、日本にサッカーの組織がなかったので急遽、協会をつくることになった。それが１９２１年に誕生した大日本蹴球協会だったわけである。

シルバーカップは今の天皇杯（全日本サッカー選手権大会）の前身である「ア式蹴球全国優勝競技会」の優勝チームに渡されることになった。ところが、第二次世界大戦の際、戦争に使うために世の中のありとあらゆる金属類を政府がかき集めた際に、シルバーカップも供出を余儀なくされた。日英の友好の証だったはずのカップが戦争のために使われたというのは何とも悲しい限りだ。

個人的にそれがずっと気がかりで、ＪＦＡ創立90周年を迎えるというタイミングで謝罪も兼ねて、カップ復元の許可を得ようと、11年3月、FIFAの会議の後、イングランドサッカー協会（The FA）を訪ねた。バーンスタイン会長（当時）はとても感激してくれて、彼の決断でFAがカップを復元し、再び日本に贈呈してくれることになった。

「どうせなら、ウェンブリーで式典をやろう」と会長が言ってくれて、8月23日の式典にはバーンスタイン会長、文化・オリンピック・メディア・スポーツ担当のハント内相、ボビー・チャールトン卿、同じく元イングランド代表のトレバー・ブルッキング卿、林景一駐英日本大使らも出席して式典が行われた。バーンスタイン会長は「このFAシルバーカップによって両国協会の〝KIZUNA〟がより一層深まった」と挨拶。11年度の天皇杯優勝チームから再び、FA寄贈のシルバーカップを授与できるようになった。

東日本大震災と日本サッカー

これらが楽しい思い出なら、やる前は本当に悩み、考え抜き、清水の舞台から飛び降りるように決断したのが、東日本大震災の復興支援第1弾としてJFAが実現に踏み切った、大阪・長居スタジアムでの「日本代表×Jリーグ TEAM AS ONE（Jリーグ選抜）」のチャリティーマッチだった。

東日本大震災の直後から、JFAでは支援活動を始めていた。加藤久や岡田武史のように、個人的に被災地に出入りしている元日本代表選手もいた。私も職員に「とにかく家にあって、すぐに使わないものは何でも協会に持って来い。それを集めて東北に送ろう」と発破をかけた。ＪＦＡハウスの1階の記者会見場や体育用フロアに物資を集めるスペースを設け、セーターやコート、サッカー用品などをトラックに積んでは被災地に運んだ。ＪＦＡハウスの記者室にも顔を出し、「皆さんのところ、いろいろな文房具が余っているでしょうから、ここに持って来てください」と頼んだら、これも結構な量が集まった。

ただ、正直なところ、それくらいのことでは晴れないもやもやが私の中にあった。もっとできることがあるのではないか。頭の隅にあったのがチャリティーマッチの実現だった。

試合の開催に当たっては「時期尚早ではないか」という反対意見が協会内でもあった。東日本大震災の発生が3月11日。チャリティーマッチの実施は同じ月の29日である。あまりにも傷痕は生々しすぎるし、サッカーの試合などやっている場合ではないと、多くの反発を買うことになるのではないかと。

一方で、ファン・サポーターから「こんな時だからこそ、日本代表が人々に勇気と明るい話題を与えるべきではないか」という意見も多数寄せられていた。

思案をめぐらす私の頭の中には、東日本大震災の直後、Ｊヴィレッジにいた子供たちが地元の人たちに助けられた一件があった。

福島県の楢葉、広野の両町にまたがるこの施設は１９９７年に東京電力が福島県に寄贈する形で誕生し、震災に襲われるまで各カテゴリーの日本代表の練習拠点などとして稼働していた。２００２年W杯日韓大会の際にはアルゼンチン代表のキャンプ地となり、06年W杯ドイツ大会に向けてはジーコ・ジャパンの最終合宿地となった。ドイツに旅立つ前、ここで大勢のファンに見守られながら練習したものだった。

しかし、東日本大震災はそんなJヴィレッジの運命を大きく変え、津波に襲われた東京電力福島第一原子力発電所の収束拠点として使われることになった。

この施設の中に、ＪＦＡアカデミーという全寮制の育成機関があった。日本中から入寮希望者を募り、試験にパスした者が地元の学校に通いながら中学、高校と一貫指導を受けることができる。

東日本大震災の際、アカデミーにいる男女計１２５人の子供たちを安全な場所に避難させることは、われわれにとって真っ先に取り組まなければならない大命題だった。親御さんの中には自力で救いに向かおうとした人もいた。親心として当然だろう。

最終的に１２５人の子供たちは無事に親元に連れ帰ることができた。そして後になって話を聞いてわかったことなのだが、一時的に避難先として身を寄せた場所が、本来指定された小学校ではなかったにもかかわらず、そこにいた地元の人たちに温かく受け入れてもらい、寝泊まりする場所とおにぎりまで提供されたのだった。これにはアカデミーの子供たちも引率するコーチも心から感動したという。こういう報告を受けていたから、私も居ても立ってもいられない心持ちになっていた。

私の背中を強く押してくれたのは、当時の日本代表のザッケローニ監督や選手から「被災者の方々の手助けになること、勇気づけられるようなことがあれば、何でも言ってください。協力させてください」という強い希望があったことだった。彼らにチャリティーマッチに参加する気があるか尋ねてみると、主将の長谷部誠をはじめ、快く参加の意志を伝えてくれた。誰もが東北のために何かをしたいと思っていた。

そういうさまざまな意見を踏まえ、熟考に熟考を重ねた結果、代表戦をやろうと決断した。欧州など海外でプレーする選手たちはニュースで見聞きする東北の惨状に胸を痛めながら、何もできない自分たちにもどかしさを感じていた。一方で、私は、当時の日本社会を覆う自粛ムードに違和感を覚えていた。喪に服する期間は当然必要だが、元気に動ける者から動き始め、日本という国全体の血の巡りをよくすることを怠るわけにはいかないと。

腹をくくってからは一気呵成に動いた。

最初に取り組んだのは場所と相手選び。もともと、3月はインターナショナルマッチデーがある月で、25日に静岡スタジアムでモンテネグロ、29日には東京・国立競技場でニュージーランドとの強化試合が組まれていた。が、電力不足に伴う計画停電や来場者の安全確保、さらに放射能など問題が山積みで25日の試合はどう考えても実施は困難だった。モンテネグロ協会も早々に来日を断ってきた。

25日は無理として、29日のほうは場所を大阪に移せば、できるのではないかと考えた。在京の各国の大使館が一時的に大阪に避難しようとしているという話を耳にして、「大阪なら大丈夫」という考えが外国にはあるらしいと気づいた。

それでニュージーランドの大使館を訪ね、大使に「東京ではなく大阪でなら、やれませんかね」と打診したら、大使が立派な人で「ニュージーランドは大使館を動かしません。それに試合のほうも実現させます」と言ってくれた。

ニュージーランド協会は最初乗り気だったらしいが、最終的に断ってきた。同じ年の2月にクライストチャーチで185人が亡くなるという大地震があったばかり。それで選手よりも、選手たちの家族が「絶対に日本には行かせない」と猛反対したらしい。ニュージーランド協会の会長が翻意を促しても、どうしても首を縦に振らないということだった。

外国から来るチームはないとわかった時、開店休業状態のJリーグの選手たちも交えて、日本の選手だけで試合をすればいいんじゃないかと思った。海外にいる日本代表の選手たちは帰国して何かをすることを望んでいる。せっかくのチャンスだ。それですぐ、Jリーグの大東和美チェアマン（当時）のところを訪ねて、「試合をやろうよ」と巻き込んで、チャリティーマッチの開催に漕ぎ着けたのだった。

試合には欧州のクラブに所属する日本代表選手が全員駆けつけてくれ、一時帰国していた日本代表のザッケローニ監督とJリーグ選抜の指揮を執るストイコビッチ監督も来日し、実現に協力してくれた。

うれしかったのは両監督や選手の心意気だった。

震災の深刻な被害は欧州にも伝わっていた。向こうでも震災で亡くなられた方々に試合前に黙禱を捧げたり、喪章をつけて試合をしたりということが行われていた。主将の長谷部誠にしても、代表の海外組はそういうことをしてもらって、自分たちも何かしなければという、焦れるような感情があったのだと思う。海外にいる分、何かしたいけれど、何をどうしていいかわからないという焦燥感は余計に大きかっただろう。私は、そういう選手たちに何とか場をつくりたいという一心だった。

続々と帰国してきた日本代表の選手たちは、われわれが何も言わなくても「わかりました。何でもやります」という姿勢。逆に震災の被害の大きさ、国内の空気感を知るJリーガーのほうが最初は「本当にやって大丈夫なんですかね」という重い空気を漂わせていた。

サッカーでみんなを元気にするんだ

ところが、全員がホテルに集合して、それから午後の練習を始めると、練習場の周りを取り囲むファンが大勢いた。チャリティーマッチのチケットは発売と同時に完売の勢いだったから、チケットを買えなかった人たちのために練習を全部公開しますとアナウンスしていた。それで大勢のファンが押しかけたわけだった。ファンの人たちは、ただ練習を見にきただけではなく、置いてあった募金箱に浄財をどんどん入れてくれる。それを見て、Jリーガーの雰囲気がぱっと変わった。「これはやっていいことなんだな」と。

ザッケローニ監督をはじめ、選手も募金活動に参加した。カズや長谷部の存在も大きかった。並んでいるファンを見て、「ああ、やりましょう!」と言いながら率先して練習後に垣根越しにサインを始めた。もちろんファンは大喜び。それを見て、さすがだなと思った。

世を覆う自粛ムードのことは、もはや気にならなかった。

頭にあったのは、そういう大きな災害があったときに、FIFAが取る迅速な行動だった。2004年12月26日にスマトラ島沖でマグニチュード9・1の大地震があったとき、インドネシアやスリランカなどに甚大な津波の被害があった。そのチャリティーマッチが翌年2月15日、スペインのバルセロナで行われた。FIFAの呼びかけに欧州サッカー連盟(U

EFA）とスペインサッカー連盟が賛同し、「欧州選抜×世界選抜」という豪華なカードが組まれたのだ。集まった義援金はFIFAとアジアサッカー連盟（AFC）が共同で設立した津波基金を通じて、復興支援に役立てられた。

世界選抜の一員として中田英寿が参加したこの試合はブラジルのロナウジーニョ、カカ、イタリアのマルディーニ、デルピエロ、イングランドのベッカム、ジェラード、フランスのジダン、アンリ、スペインのラウル、カシージャスらそうそうたる顔ぶれが揃った。選手の中には空港から直行してユニホームに着替えて試合に出て、そのまま飛行機に飛び乗って帰った選手もいた。主審は2002年日韓大会の決勝を吹いたコリーナさんだった。

あのときの選手の行動は後々、FIFAの中でも話題になり、私も選手が持っているパワーに感心した一人だった。そして苦しい時、困った時ほど先立つものは必要。だったら、自粛ムードの中で縮こまっているより、サッカーで善意の志をモノやカネに変えて集めたほうがよほどいいと思ったのだった。

試合当日は、岡田武史前日本代表監督やラモス瑠偉ビーチサッカー日本代表監督、元日本代表やなでしこジャパンの選手、Jリーグ関西4クラブの選手、そしてサポーター有志の、総勢約120名が駆けつけて、チャリティーグッズ販売や募金を呼びかけてくれた。

批判も覚悟の上の試合だったが、長居には4万人の観客が詰めかけ、仙台地区のテレビ視聴率は25・4％もあったと後で知った。カズがゴールを決めるなど、試合自体も大いに盛り上がった。ザッケローニ監督が「私のキャリアの中で相手にゴールを決められてうれしかったのはこれが初めてだ」と振り返ったとおり、まさに「みんなの気持ちを一つにしたゴール」（カズ）だった。

ちなみに、このチャリティーマッチから3年後の14年3月、日本はニュージーランドとキリンチャレンジカップを実現させた。ザッケローニ監督の強い要望からだった。ザックさんにとっても、あの試合はとても印象に残っていたのだろう。

チャリティーマッチで集まった募金は７３２万８９４７円で、３日間の公開練習の募金総額と合わせると総額は２２３１万７１９９円に上った。試合の収益と募金等を合わせ、約２億１０００万円の資金が集まり、日本赤十字社に1億６０００万円を寄付できた。残りの５０００万円はサッカーファミリー復興支援金に充当した。

また東アジアサッカー連盟から3万ドル、オセアニアサッカー連盟から2万５０００ニュージーランドドル、チャイニーズ・タイペイサッカー協会から1万ドル、また、大韓サッカー協会からは3月25日に行った「韓国代表×ホンジュラス代表」の収益金を合わせて10万ドルが義援金として送られてきた。中国サッカー協会からは、日本のサッカーチームが練習場を欲しているならば、必要な施設をすべて用意するという提案をもらった。北マリアナ諸島サッカー協会は日本赤十字社を通じて、グアムサッカー協会は2万1000ドルを集めてグアム総領事館を通じて義援金として送ってくれた。

人の世の温かさに触れる一方で、発売から1時間で完売したチケットがネットオークションに出品され、高値で落札されるという事態もあった。それがそのまま義援金に回されるのならともかく、単なる利ざや稼ぎであるとしたら、本当に情けないことだと腹立たしく思った。

当初は集まった義援金はすべて赤十字に回すつもりだったが、震災直後から被災地に出入りしていた宮城県宮城郡利府町出身の元日本代表主将、加藤久さんから「グラウンドがまったくありません」という訴えを聞いて、サッカー環境の復旧整備のための資金も残しておこうと考えを改めたのだった。国際試合の収益や外国から「日本国民の皆さんへ」という形で寄付されたものは赤十字に渡し、FIFAやUEFAや各国の協会から「サッカーのために使ってくれ」と寄付されたものは、JFAが管理する形で口座を完全に分けた。そして後者で急いでグラウンドを造っていくことにした。

このチャリティーマッチを皮切りに、JFAの復興支援活動は今も続いている。13年3月末に閉じた義援金募金は、日本赤十字社に総額2億6342万3073円を寄付できた。サッカーファミリー復興支援は現在も継続中で、岩手県の釜石市、宮城県の松島町、福島県の相馬市にフットボールセンターを建設するなど、東北のスポーツ環境の整備に10億円以上を投じている。

そうした活動を支えるために、ＦＩＦＡからは６４０万ドル、ＵＥＦＡからは50万ユーロの財政支援をいただいた。アディダスやキリングループなど企業からはヒト、モノ、カネ、あらゆる面で手厚い支援をいただいている。

被災地のニーズに合った支援活動を行うべく、加藤久さん、手倉森浩さんに特任コーチになってもらい、環境整備や選手の指導にきめ細かい活動をしてもらったのもありがたかった。

東日本大震災から7年がたち、東京電力福島第一原子力発電所の事故で休止していたＪヴィレッジは18年7月28日、まだ全面的ではないものの運営を再開した。収束拠点としての役目を終えて、18年夏から１１７の客室、最大３０００人収容のホール、ドーム型の全天候型練習場を備えた施設として復活したのである。

震災後の11年4月、静岡県の御殿場高原時之栖に拠点を移したＪＦＡアカデミーをＪヴィレッジに戻すのはまだ先のことになるのだろうが、とにかく復旧に向けて一歩前進したのは確かだ。

Ｊヴィレッジは今後、サッカーに限らず、陸上のハーフマラソン大会や大きな音楽イベントなども計画しており、町ににぎわいを取り戻す拠点になろうとしている。福島第一原発への国内外からの見学者は今や年間1万人を超えるそうで、被災地をじっくり見て回る際の宿泊施設としての役回りも今後は引き受けることになるという。

一時、全住民が避難した福島県楢葉町は15年9月に避難指示が解除された。かといって、それで住民がすぐに戻るわけではなかったが、18年9月30日の段階で居住率は5割を超えたとの新聞報道があった。全住民が避難した自治体で、避難指示解除後に居住率が5割を超えるのは初めてだという。

Jヴィレッジは19年のラグビーワールドカップではアルゼンチン代表の公認キャンプ地になることが見込まれている。2002年W杯日韓大会でアルゼンチンがここを拠点にしたことを思うと感慨深いものがある。

2012（平成24）年6月24日のJFA評議会をもって、私は任期満了と定年により、会長職を退いた。たった2年の在任期間ではあったが、うれしいことも、悲しいことも次々に起きて、月並みではあるが、激動の日々であったように思う。

そして1992年に専務理事に就任し、JFAの仕事に従事してからの20年間が走馬灯のように駆け巡った。92年当初、JFAの職員は15人、年間の収入は約40億円、総資産は14億円ほどだった。それから20年で職員は200人を超え、年間収入は165億円、総資産は20

年前の10倍以上になった。

17年度の決算はさらに膨らみ、収入は195億9000万円だった。16年度の205億7000万円という過去最高の数字に比べると減少したが、W杯ロシア大会の活躍を追い風に、18年度は200億円を再び超えることだろう。

それもこれも、Jリーグの成功とW杯の招致成功が二頭立ての馬車として日本サッカーを牽引してくれたおかげだった。

88年に日本サッカーリーグ（JSL）活性化委員会を設置し、その委員長に就いて、日本サッカーがどうすれば強くなるのか、それこそ口角泡を飛ばすような議論をした、サッカー愛に満ちた仲間との楽しき日々。2002年のW杯開催国として89年に正式に立候補を表明したことで、プロ化と招致がリンクし、91年には社団法人としての日本プロサッカーリーグが設立された。

93年のJリーグ開幕から同年のドーハの悲劇、96年3月のアトランタ五輪出場決定、5月のW杯日韓共催決定、97年のW杯初出場を決めたジョホールバルの歓喜あたりまでは、本当にジェットコースターに乗っているような刺激的な毎日だった。

2002年のW杯日韓大会は、日本中にくまなく、この世界最高のゲームの醍醐味を知らしめた。そして開催地やキャンプ地の草の根の交流を通じて、世界に目を開く大きな契機になったようにも思う。

サッカーという競技がこの国に、ヨーロッパや南米のように、大地に根を下ろしたかどうかは議論の余地があるだろう。それでも、プロ化の議論を始めた80年代のころと比べたら雲泥の差というか、隔世の感があることは間違いない。

第八章　黒いワールドカップ　FIFAスキャンダル

FIFAスキャンダル発覚では多数の失脚者が出た

平成日本サッカーの国際的地位

２００２年ワールドカップ（W杯）日韓大会の成功が効いて、私はアジアの仲間に推されて国際サッカー連盟（ＦＩＦＡ）の理事になった。理事というＦＩＦＡの執行機関のメンバーになって、情報が入るスピードが格段に上がることを身に染みて知った。大げさではなく、半年くらいのタイムラグがあると感じた。

それこそ、いろいろな議論の初動段階から関わることができる。例えば、W杯の出場枠で揉めるケース。大陸によって、アフリカやアジアは常に増やしたいわけだから、そうするとどこかの大陸の出場枠を削らないといけない。

「南米が取り過ぎている」

「弱いアジアが偉そうに言うな」

そういう議論や駆け引きが水面下で常にあるわけで、そこは本当にボードの中にいないと、なかなか詳細はわからない。

理事会にいないと、常に結論だけを知らされて終わりになる。発言もできないし、意見を反映させることもできない。中に入ると、それが逆になる。

私の在任中の大きな変化の一つに、南米と欧州のクラブチャンピオンが世界一の座を懸けて争うトヨタカップが、６大陸のチャンピオンが一堂に会するクラブW杯形式に拡大したことがある。

クラブW杯には思い出があり、UEFA会長だったミシェル・プラティニとよく「いずれトヨタカップをアフリカやアジアのクラブも出られる大会にしたいな」と話していたのだ。FIFAの理事は就任順に番号がついていて、理事会もその番号順に座る。プラティニは20番で私は24番。それで席が近いので、そういう雑談をよくしていた。それが具体的にクラブW杯の提案になったのだった。「トヨタカップの実績があるから、クラブW杯をスタートさせるなら、軌道に乗るまで日本でやるのがいい」と言ってくれたのもプラティニだった。こういうのもボードメンバーだから可能なことだ。

一方で大変なのは移動のつらさだろう。FIFAで私はスタジアム及びセキュリティ委員会の委員長やU－17委員会の副委員長、ワールドカップ組織委員会、マーケティング・ストラテジー委員会、アソシエーション委員会、フットサル委員会（後にフットサル＆ビーチサッカー委員会に改称）の委員を務めた。人に会うのは嫌いじゃない、どこに行っても何でも食べられる、海外で病院のお世話になったことも一度もない私だが、一年間の３分の１以上を海外で過ごすと、やはり「こたえるな」と思うことがある。申し訳ないと思うのは妻の正子に対してで、私がFIFA理事になったばっかりに、夫婦同伴の席などでは相当神経を遣わせたと思う。そこは本当に感謝しかない。

ＦＩＦＡ理事会の公用語は英語、フランス語、ドイツ語、スペイン語。フランス語とドイツ語、スペイン語は英語に同時通訳される。私のように英語しか話せない者は、フランス、ドイツ、スペイン語で話されると、どうしても議論についていけなくなる。スペイン語ができるもの同士、フランス語ができる者同士の議論が熱を帯びると通訳を介して英訳されている間に話がどんどん進んでしまうのだ。そういう意味で英語以外の言語があまり話せないアジアの理事は不利だったのは否めない。今後の国際会議では英語以外の言語もマスターしておかないと、議論をリードする存在にはなれないと感じた。

アジアの年齢詐称問題と闘う日本

日本代表が勝つために、ピッチの外で貢献できたことの一つに年齢詐称との闘いがある。アンダーエージの世界大会にＦＩＦＡもＵＥＦＡも力を入れているのに、日本はなかなか出場できない。なぜ？　日本の弱さに原因もあったが、端的に相手の年齢詐称にやられるケースもあった。

アンダーエージのアジア選手権は各国の選手団が一つのホテルに呉越同舟で泊まる。そうすると16歳以下、19歳以下の大会なのに、どうみても「おっさん」にしか見えない選手がいる。

日本の監督や選手から「ホテルでご飯を食べていたら中東の選手に子供が何人も写っている写真を見せられた」と報告を受けたりした。ある大会で泣いて訴える選手に当時、U－16代表の監督だった田嶋幸三（現ＪＦＡ会長）は「生きていく上で世の中には不条理なことがたくさんある。ここは我慢しろ」と諭すしかなかったそうだ。

さすがにこれは看過できない。それでアジアサッカー連盟（ＡＦＣ）の中で議論を重ねていたところ、マレーシアの裁判所がレントゲン検査で成人かどうかを判断しているという話を聞かされた。最初はその線で行こうとしたが、ＦＩＦＡに持ち込んだら健常者にレントゲン検査をするのは米国や欧州が絶対に納得しないと却下された。そこから選手の骨年齢をＭＲＩで測定し、年齢詐称を見抜く検査を導入するようにした。今ではアンダーエージのＦＩＦＡのあらゆる大会に採用されている。「宗教的にそのような検査は受けられない」と反対する国もあったが、ゲームの公正さを保つためだと押し切った。アンダーエージの大会で日本がアジアの壁を越えられるようになったのは、この検査導入の後である。

ゴールラインテクノロジーのようにルールの変更を考えていることもすぐにわかる。一つの試合を32台ものカメラが撮っていて、映像をテレビで流している。そういう状況になっているのに、今までどおり「誤審も判定のうち」なんて呑気なことは言えないよ――。ＦＩＦ

Aの内部がそういう空気になっていることは、その場にいないとなかなかわからない。

それまでは「ともかく大人から子供まで同じルールでやって、例外をつくらないのがサッカーだ」という原則でやってきた。しかし、W杯やユーロ（欧州選手権）のように真の王者を決める大会、高い入場料を取って、高額の放映権料やスポンサー料を取っている大会は、判定に最先端の科学の力を借りてもいいんじゃないか。審判団より、テレビの視聴者のほうが判定はよくわかるというのは、やっぱり問題だよ、限界だよ——。そういう議論は理事同士で食事をしている時でも会話の端々に出てくる。そういう変化を感じられるメリットはやはり大きかったと思う。

ビジネス面でもそうだ。理事会にいれば、あの企業が今度スポンサーになりそうだ、あの国は今こんな問題を抱えている、といったこともすぐにわかる。日本にいると、他の大陸に比べたら欧州はずっと豊かで問題の少ない地域という感じだが、実は結構いろいろなトラブルを抱えていたりする。

そういうことは、やはりその場にいないとダメ。日本のことしか、アジアのことしか知らないでは、どんどん取り残されることになる。理事や各種委員会の委員としてFIFAの会議に参加し、その中身を日本に戻って「今、こういう方向に世界のサッカーは動こうとしている」と伝えられるかどうかは、とても重要なことだと思う。

先述したとおり、私とＵＥＦＡ会長（当時）のミシェル・プラティニはＦＩＦＡ理事会の席がいつも近くだった。プラティニとはすぐに仲良くなった。ＵＥＦＡはこんなことを考えている、なんて話も気さくに教えてくれる。「ヨーロッパはおカネがあるから、そんなことができるけど、アジアは無理だよ」と答えたりもした。

チャンピオンズリーグを始めてからＵＥＦＡは資金力が増した。それで独自のソリダリティー事業ができるようになった。それは彼らの勢力拡大につながる話でもある。アジアはその点、資金力はまだまだ。

東日本大震災の際に、ＦＩＦＡだけでなくＵＥＦＡからも義援金が出た。それは、同じく新参のＦＩＦＡ理事仲間というプラティニの好意から出た部分があった気がしている。「いつまでたってもオグラが言ってこないから」と言って、クラブW杯のときに自分で小切手を持ってきて手渡ししてくれた。

ＡＦＣの役職定年が70歳となっていたために、ＦＩＦＡ理事の仕事もそれに従って引退した。他の大陸連盟は定年制を持たない地域もあり、談合によって留任し続けることもある。

私が11年に退いた後、ＦＩＦＡ理事の座は田嶋幸三日本サッカー協会会長が15年の選挙に勝って、しっかりつないでくれた。本当に良かったと思っている。ＦＩＦＡスキャンダルの後の機構改革で、理事会はカウンシル（評議会）となり、理事（評議員）の数は37名（２０

18年11月現在）に増えたが、その重要性はいささかも変わらない。

FIFAのスキャンダル発覚

私が2011年にFIFA理事の職を退いた後、この組織から多くのスキャンダルが噴出した。理事の仕事に情熱をささげた私にすれば、非常に嘆かわしい醜聞の数々に、どれほど情けなく悔しい思いをしたかわからない。なぜ、そうしたことが起きたのか。

FIFAの要人にまつわる黒い噂は大抵、W杯の招致とコパ・アメリカ（南米選手権）のようなビッグイベントの放映権ビジネスに絡むものだった。そして、それらをリポートするのは英国系のメディアであることが多かった。

2010年12月のFIFA理事会で18年大会と22年大会の開催国を同時に決めた。私にとって理事として最後の大きな仕事だったかもしれないが、このときも投票前に英国の新聞（サンデー・タイムズ）とテレビ（BBC）が相次いでFIFA理事の不正を報じた。

驚くのは、そのときイングランドが18年大会の開催国に立候補していたことだ。イングランドサッカー協会は総裁のウィリアム王子や同国が生んだスーパースターのデービッド・ベッカムらを担ぎ出し、いわば国を挙げて招致活動に取り組んでいた。それなのに、自国のメディアは投票権を持つFIFA理事らを糾弾したわけである。これがFIFA理事たちの投票行動に影響しないわけはなかった。

18年、22年大会を決める投票は10年12月2日にチューリッヒのＦＩＦＡ本部で、22人の理事により行われた。本来、理事の数は24人（ヨゼフ・ブラッター会長、欧州選出理事８人、アジア、アフリカ各４人、北中米と南米各３人、オセアニア1人）だったが、サンデー・タイムズの報道を受けて、レイナルド・テマリィ副会長（タヒチ）とアモス・アダム理事（ナイジェリア）の２人が投票から除外された。

テマリィ副会長とアダム理事の２人は、米国の招致団を装ったサンデー・タイムズのおとり取材に引っかかり、投票の見返りにそれぞれ１５０万ポンド（当時のレートで約1億８９００万円）、50万ポンド（同じく約６３００万円）を要求する証拠の映像を撮られたのだった。

投票の３日前にはＢＢＣの調査報道がこれに続いた。イッサ・ハヤトゥ副会長（カメルーン）、ニコラス・レオス理事（パラグアイ）、「ＦＩＦＡのドン」といわれたアベランジェ前会長の娘婿、リカルド・テイシェイラ理事（ブラジル）の３人が、１９８９年から99年にかけて、２００1年に倒産したＩＳＬ（ＦＩＦＡのマーケティング会社）から計1億ドル（概算で約１１２億円）の賄賂を受け取っていたなどと報じたのだった。

私の感覚からすれば、イングランドの招致団は自国のメディアに背中から切りつけられたようなもので、大きなショックを受けたことと思う。ＦＩＦＡの不正を暴くのはメディアの仕事として大いに結構なことだが、何も投票直前というタイミングでやることはないだろうと正直、思ったものだった。

組織というのは、常に内部でいざこざがあっても、外から攻撃を受けると小異を捨てて一枚岩になることがある。このときも「反イングランド」「イングランド憎し」の感情が理事会の中で高まることは容易に想像できた。

案の定、イングランドは投票で大敗してしまう。18年大会開催を勝ち取ったのはロシア。イングランドは2票しか集まらず、最初の投票で最下位落選。1回目の投票で過半数に達しなかったために行われた2回目の投票で13票を獲得したロシアが、7票のスペイン・ポルトガル（共催）、2票のオランダ・ベルギー（共催）を破ったのだった。

このとき、同時に行われた22年大会開催国を決める投票では、カタールが4回目の投票で14票を集め、8票の米国を下した（他に韓国、日本、オーストラリアが立候補）。カタールはW杯を開催するためのファンダメンタルな部分が、気象条件や競技場、宿泊施設などにしても米国に見劣りしたから、この結果に違和感を覚えた人はＦＩＦＡ内部でも多かった。

カタールの勝ちが決まったとき、アフリカの理事の奥様方から桁外れの大歓声が湧き起こったのも異様だった。

「何を約束されていたんでしょうね？」

思わず、そう私にこぼした日本の招致関係者がいた。

敗れたのはイングランド、米国というアングロサクソンの陣営。偶然の一致かもしれないが、これから5年後、ＦＩＦＡ不正追及の狼煙を上げたのは米国の司法当局だった。

もともとサッカー界で英国と米国の立ち位置は独特だった。イングランドは「サッカーの母国」としての誇りと自負がある。そんな英国から渡った人々で建国された米国は、野球やアメリカンフットボールなど独自のプロスポーツを発展させて、サッカーは必ずしもメジャースポーツではなかった。

サッカー界の「ドン」として君臨したブラジル人のアベランジェ元会長が、トップの座を懸けて１９７４年のＦＩＦＡ総会で闘った相手がサーの称号を持つスタンリー・ラウス会長だった。英国人の元レフェリーだった現職の会長を引きずり下ろすために、アベランジェはアフリカ、アジア、ラテンアメリカの票を集めた。この3大陸を支持基盤にする限り、数の力でアベランジェ会長は権勢を振るえたわけである。

アフリカやラテンアメリカには、かつての宗主国である欧州に対して愛憎相半ばする複雑な感情があるようだ。ほとんどの場合、かつての宗主国に配慮のようなものが働くが、サッカーの世界では少し様子が違う。イングランドが「母国」の威光を振りかざすと、「何を偉そうに」と反発する。

植民地時代の旧領から大量の移民を受け入れ、その第2世代、第3世代が代表チームの中心になるのも当たり前になっている。

米国はサッカーの世界では後発組であり、アメリカ大陸の盟主たり得ない。政治や軍事の世界で米英が連合を組めば、大抵の無理は通せるのだろうが、サッカーの世界はそうはいかない。はっきり口には出さないが、「アメリカやイギリスの好きにはさせないよ」という感情が彼らの心の奥底に流れていると感じることはあった。

それはともかく、米国のＦＢＩ（連邦捜査局）に目をつけられたのは、チャック・ブレーザーという米国人の北中米カリブ海連盟の事務局長を務めた人物だった。容疑は脱税。ブレーザーは司法取引に応じ、11年から米司法当局のおとり捜査のスキームに協力することになった。ブレーザーは仕事仲間との会話を盗聴するなどしておとり捜査に協力、ブレーザー経由で集められたものは動かぬ証拠となった。

15年5月、米国司法省は14人を組織的不正の罪で起訴、そのうち7人をスイス当局が電撃的に逮捕した。摘発は、5月29日のＦＩＦＡ総会での会長選挙の、わずか2日前のことだった。ＦＩＦＡに衝撃が走ったのは想像に難くない。引退した私はその場にいなかったので詳しい事情はわからない。とにかく、動揺の中で選挙は行われ、現職のブラッター会長はヨルダンのアリ・ビン・アル・フセイン王子を下して5回目の再選を果たすのだが、自身も捜査対象だとわかると、後任が決まり次第退くことを6月2日に表明した。

逮捕された幹部たちの容疑は、W杯やコパ・アメリカなどのビッグイベントの放映権料に絡んだ賄賂の授受、W杯招致活動やFIFA会長選挙に際しての裏金のやり取りなどだった。米国が米国以外で起きた犯罪を取り締まることができたのは、そういう〝汚れたカネ〟の行き来が米国の銀行経由でなされていたからだったと聞く。それで不正な資金の洗浄を禁じる米国の法律を適用できたのだと。

捕まった人間に南米や北中米カリブ海の理事が多かったのは、そこを考えると合点がいくところがある。自国の通貨が不安定な彼らはドル以外の通貨をまったく信用していない。自国の銀行も信用していない。米国を嫌いながら、米国の銀行とUSドルに対しては圧倒的な信頼がある。それが黒い資金の移動の捕捉につながり、新旧の悪事を暴露されることにつながったのだから、まったくもって皮肉としか言いようがない。

世界サッカー界のドンたち

おとり捜査に使われたブレーザーについては、日本でこんな逸話を残している。会うたびに体が肥大化していた彼はクラブW杯か何かで日本に来たとき、送迎のハイヤーから降りようとしたら、体がドアにつかえて出られなくなってしまったのだった。

周りにいた関係者は真剣に、チェーンソーか何かでハイヤーのドアと屋根を切断することも検討したらしい。最終的に力ずくでドアをくぐり抜けたらしいが、これ以降、ブレーザーの送迎にセダンタイプのハイヤーを使うことは厳禁になった。

幹部が次々に摘発されたＦＩＦＡは倫理委員会が、当該幹部たちに活動停止処分という処罰を下していた。ＦＩＦＡのコンプライアンス委員会は機構改革をブラッター会長に具申し、理事の選任や理事会の在り方、会長の年俸も含めて組織の透明性を高める方針を打ち出した。が、広がった火の手はその程度の罰や改革案でお茶を濁せるようなものではなかった。

米国の司法当局は、ＦＩＦＡの腐敗は限定的なものではなく、水平方向にはあらゆる大陸に広がっており、垂直方向にはトップのブラッター会長も無縁ではあり得ないことを示唆していた。

実際、ブラッター会長に対しては15年10月8日にＦＩＦＡの倫理委員会が90日間の資格停止処分を出し、同年12月21日には同会長とミシェル・プラティニ副会長（ＵＥＦＡ会長）に8年間の活動停止処分を下した（プラティニ副会長は後に4年に減免）。２人はあれこれと反論を試みており、今も闘争は継続中だ。

6月になると国際刑事警察機構、いわゆるインタポールと呼ばれる捜査機関がＦＩＦＡのジャック・ワーナー元副会長（トリニダード・トバゴ）らに国際逮捕手配書を出した。２０２年大会の日韓共催が決まったあの日、スイス・チューリッヒで群がる報道陣に対し「Co Hosting!（共催だ）」と真っ先にしゃべった人物である。

北中米カリブ海というのは、とにかく米国のプレゼンスが圧倒的に大きいはず。大会の放映権料一つとっても米国の放送局が支払う額が一番大きいと思う。それでも、北中米カリブ海で何かを決めるとき、米国に有利な方向に決定するかというとそうでもない。カリブの小さな島々が団結して投票行動に走るからだ。

普通に考えたら、北中米カリブ海地域から米国のＦＩＦＡ理事が出ても不思議はないのに、選挙になると必ず負けてきた。13年に、やっとスニル・グラッティという理事を出せた。ただでさえ存在感のある米国やメキシコにＦＩＦＡ理事のポストまで握られたら、小さな島国は浮かばれないと必死に抵抗してきたわけだ。

その島国連合の盟主的な存在がワーナーだった。彼らの代表として振る舞い、おカネを配りつつ、もっと大きな額を自分のポケットにしまい込んでいたということになるのだろうか。

捜査の対象はどんどん広がった。トヨタカップ以来、日本は南米連盟と深い交誼を結ぶようになっていたから心を痛めるケースもあった。ウルグアイのエウヘニオ・フィゲレドＦＩ

FA副会長、パラグアイのニコラス・レオス南米サッカー連盟会長らはまさに旧知の間柄。チリのマイネニコルス会長は幾つもの大会で一緒に働いた仲間だった。

かつては、トヨタカップやクラブW杯、スルガ銀行チャンピオンシップなどの度に南米の友人たちが日本にやって来て旧交を温めた。今はそれも難しい。自国の外に出ると何の容疑で逮捕されるかわからないからだ。

アジアではカタール人のビン・ハマムAFC会長がFIFAから永久追放に処された。11年のFIFA会長選挙で現職のブラッター会長に勝つために、カリブ海の特別会合で買収工作を行ったかどだ。100万ドルの現金を持ち込んで20ヵ国のサッカー関係者に5万ドル(当時のレートで約385万円)ずつ配ったと報じられた。

後にビン・ハマムに「なぜ、そんなことをしたんだ?」と聞いたら、「彼らの旅費とホテル代を払っただけだよ。それの何が悪いんだ?」とまったく悪びれた様子はなかった。仮にそうだとしても、近隣の協会の人たちの旅費、ホテル代の支払いにそんなにかかるわけがない。もう感覚が違うとしかいいようがない。

醜聞にまみれたのは欧州も例外ではなかった。16年1月にFIFAは、W杯チケットの横流し疑惑があったジェローム・バルク事務局長を解任し、2月には12年間の活動禁止の処分を倫理委員会が下した。

18年大会に名乗りを上げていたスペインサッカー連盟のアンヘル・マリア・ビジャール会長は17年7月、汚職の容疑で逮捕され、FIFAとUEFAのすべての役職から退いた。

ドイツの「皇帝」といわれた大選手にして大監督のフランツ・ベッケンバウアーも、自国開催した06年ドイツ大会の招致活動の買収工作にかかわったかのように報じられた。プラティニもベッケンバウアーも、いずれFIFAを背負って立つと目された人物だった。

このようにサッカー界が雪崩を打って、よからぬ方向に身を持ち崩していったのは、やはり急激にW杯がカネのなる木に変貌したことと関係があるのだろう。

放映権料がFIFAを狂わせた

例えば、W杯を支えるテレビ放映権料は、今から思うと1990年代までは本当にかわいいものだった。

1990年イタリア大会は9500万スイスフラン、94年米国大会は1億1000万スイスフラン、98年フランス大会は1億3500万スイスフランでしかなかった。90年から98年までを1スイスフラン＝120円で換算すると、それぞれ日本円で約114億円、約132億円、約162億円程度だった。W杯というイベントを誰にでも無料で観てもらえるように、各国の公共放送局を相手にセールスしていたからだった。

それが、96年7月にW杯史上初めてテレビ放映権の競争入札を行ったところ、2002年日韓大会は13億スイスフラン（約1170億円）、06年ドイツ大会は15億スイスフラン（約1350億円）で落札された。FIFAの収支は4年ごとのW杯中心に動くが、2011年から14年までの4年間の収入は57億1800万ドル（日本円で約5546億円／1ドル＝97円換算）に達した。1999年から2002年日韓大会までの4年間の収入は28億4400万ドル（日本円で約3300億円／1ドル＝116円で換算）だったから倍増したことになる。

収入の大きな柱は放映権とスポンサー契約。ブラジル大会のテレビ放映権収入は、98年フランス大会の15倍（24億1800万ドル＝約2900億円）、スポンサー収入も10倍（14億7900万ドル＝約1774億円）になっている。拡大に貢献しているのがアジアのサッカー熱で、支払う放映権料の額はどんどん欧州に接近している。

FIFAは収入から支出を差し引いたものをプールしており、14年末までに15億2300万ドル（約1827億円）を積み立てていた。

収入が増えた一方で、支出も多くなった。W杯でいえば、10年南アフリカ大会のためだけに12億9800万ドル（約1053億円）を投じている。チームに対する賞金や旅費滞在費の面倒もあるし、選手を抱えるクラブに補償もするようになった。

ちなみに、18年ロシア大会の賞金総額は4億ドル（約440億円）、優勝チームには3800万ドル（約41億8000万円）が支払われた。2位は2800万ドル（約30億8000万円）、3位は2400万ドル（約26億4000万円）。グループリーグ敗退国でも一律で800万ドル（約8億8000万円）がもらえ、これとは別に大会準備費として150万ドル（約1億6500万円）が一律に分配されるから、出場32ヵ国は最低でも950万ドル（約10億4500万円）を手にしたことになる。

また、選手を送り出すクラブに対しても総額3億4300万ドル（約377億3000万円）のカネを用意し、ケガをした場合などの補償に備えた。

ただし、扱うカネの大きさはFIFAよりUEFAのほうが大きいだろう。FIFAはW杯という一つの財布しかないが、UEFAにはユーロとチャンピオンズリーグという2つの財布がある。特に毎シーズン、世界最高峰のレベルを見せてくれるチャンピオンズリーグという稼ぎ頭がいるのは大きい。チャンピオンズリーグだけで毎シーズン、1200億～1300億円くらいの収入があると聞いている。

UEFAが二輪車なら、FIFAはW杯の一輪車のようなもの。それでクラブW杯の拡大案などをあれこれ企画したりするわけだが、選手の体は一つしかないのだから、やり方次第では大事な商品をつぶすことになりかねない。

利益が出たら、それは、サッカー人気はあるものの、ハード面に遅れが目立つ地域の施設整備費や選手育成費に回される。スイスのチューリッヒにＦＩＦＡの本部があるのは、そういう利益に原則的に税金がかからないからだ。日本サッカー協会は、そんな巨大な黒字を手元に残しておくことなどできない。税制面での優遇措置があることが、スイスにスポーツ団体のヘッドクオーターが多数存在する理由でもある。

このヒトもハコモノもデベロップさせるサッカー版のＯＤＡ（政府開発援助）ともいえる仕組み自体は立派なもの。地域医療の充実という観点から福島県のＪヴィレッジに医療施設の設置を検討した際、日本もＦＩＦＡの「ゴールプログラム」という助成事業から80万ドル（約７４４０万円）の補助金を受け、念願だったＪＦＡメディカルセンターを２００９年８月に完成させた。

しかし、急激にそれまでとは桁違いのカネが目の前を行き交うようになり、感覚がおかしくなったＦＩＦＡの理事もいたのだろう。そのおこぼれをかすめ取ることを考える不心得者があちこちに現れた。朱に交われば赤くなる、ではないが、腐ったリンゴが一つ箱の中にできると、周りが腐るのも早かったということだろう。

そういう好況に、みんな、とにかく浮かれ、そして誘惑に負けた部分がかなりあると思う。

ＦＩＦＡの決算自体は透明だと信じている。特に入ってくるカネをごまかすことはできない。テレビにしてもスポンサーにしても、しっかり交わした契約書はあるわけだから、そこをあやふやにしていたら本当に信用問題になる。

問題は支出だったかもしれない。ブラッター会長がいくら報酬をもらっているかなんてことは私も知らなかった。公表もされていなかった。ＦＩＦＡの会長になると本当に東奔西走の日々で、昨日南米にいたと思ったら今日はアフリカにいるというような感じ。相当な激務ではある。その仕事の対価はどれくらいが適正なのかは、私にはよくわからない。

理事を務めた私の場合、理事の活動経費として年間10万ドルを支給されていた。この金額は、他に仕事を持っている理事が、ＦＩＦＡの仕事をする場合、本業を休む必要がある。そうするとこの期間の給料はもらえないから、10万ドルの中から補塡しろという意味を持っていた。

私の場合、それを右から左に日本サッカー協会に渡していた。ＦＩＦＡの大会を視察する、組織委員会の一員として活動する、理事会に参加する場合の旅費、滞在費、日当等はＦＩＦＡから別途支給された。

そもそも、ＦＩＦＡがこれほどの増収増益を果たせたのは、前にも述べたとおり、ＦＩＦＡ会長職を巡るアベランジェとヨハンソンの対立の中で、ヨハンソン＝ＵＥＦＡの側が、テレビ放映権料を公共放送に専らセールスして事足れりとするアベランジェ体制の商売っ気のなさを厳しく批判したことから始まっている。

それまでのＦＩＦＡにビジネスセンスが欠けていたのは、94年米国大会で、米国の組織委員会にいいようにやりこめられたことでもわかる。米国流のスポーツビジネスに精通した者の目から見ると、ＦＩＦＡが持っていたルールは〝穴〟だらけだった。あわてたＦＩＦＡは大会後、米国の組織委員会にいた人物をヘッドハンティングし、もうけの機会を失うことが二度とないようにルールでがちがちに固めたと聞く。

ＦＩＦＡが牧歌的だったころの話

かつてのＦＩＦＡは牧歌的だった。

どれくらいのんびりしていたかは、記者のＡＤカード（記者証）の割り当てにも表れていた。１９９０年Ｗ杯イタリア大会くらいまで、日本に割り当てられるＡＤの数は余っていたくらいだった。それが「ドーハの悲劇」を境にＷ杯に対する関心が急激に高まり、取材したい日本の記者の数とＦＩＦＡが配るＡＤの数が釣り合わなくなった。取材希望者がものすごく増えたのである。

それでＦＩＦＡとの交渉役を私が務めた。相談相手は当時のＦＩＦＡの広報担当だったグイド・トニョーニで「どうしても日本はあと6枚欲しい」などと掛け合うわけである。そのたびにトニョーニに散々言われた。

「W杯に一度も出てないクセになんで記者ばっかりたくさん来るんだよ？」

「そこを何とか」と言っているうちに、トニョーニがリストを取り出し「この国はきっと来ないだろう」と名前を消していく。

現地派遣の記者を増やすことは、そのままW杯の記事が増えて、日本のサッカー人気の盛り上がりにつながるわけだから頑張らないわけにはいかない。そのころはJリーグもできて、報道各社に「サッカー班」なる取材チームもできていた。いつまでも一社1人の時代ではなかったし、そういう直談判というか、話せば融通のきく時代でもあった。

ちなみに、私と仲が良かったトニョーニは結局、ブラッター会長とケンカして、FIFAから去ることになる。転職先はUEFAだった。で、ユーロ（欧州選手権）のADがなかなか取れなくて（日本代表が出ていないのだから当然なのだが）、これまた記者たちに頼まれてUEFAに掛け合ったら、そこに出てきたのがまたまたトニョーニだった。2000年にオランダとベルギーがユーロを共催したときだ。

そうしたらトニョーニの「UEFAに来てもおれに同じことをさせるのか。ユーロだぞ、日本は出てないだろう」と怒ること。最後は「仕方ないな」と笑いながら、しっかり必要な

ADを発給してくれた。

話を戻す。

UEFA側のアイデアをいただく形で、FIFAがW杯を極限までマネタイズする方向にシフトすると、テレビ放映権は急激に膨張し、それに合わせてスポンサー料も膨らんだ。

そうやって事業収入が増えたのに合わせて、組織の近代化を図ることができていたらよかったのだが、どこか個人商店というか、サロン的な気分が抜け切れていなかった。

その一例が、肝心要のW杯の開催地を、たった二十数人の理事会のメンバーで決めてしまうことだった。昔のように候補地が少なく、何となく欧州と中南米を行ったり来たりさせていればいいや、という時代ならそれでもよかったが、W杯がメディアスポーツの花形となり、コンテンツとして争奪戦が起こるようになると、あまりにもリスクが大きすぎた。

ありていにいえば、過半数として十数人の理事を味方につければいいのだから、そのうちの何人かをカネで買うことなど安いものだと思うような輩が出てきても不思議はない。そういうリスクに対して、FIFAの側もあまりにも無頓着過ぎたのだろう。

現在は、W杯の開催地は211の協会が1票ずつ持ち、総会の投票で決める案件に変わった。遅きに失した感もあるが、買収工作を難しくしたという意味ではこれでよかったと思っている。

ＦＩＦＡスキャンダルは、いろいろな形のスポーツ界の「悪」を白日の下にさらした。親善試合の権利を高値で売る。その値付けが異様でも商取引の体裁を取っている以上、外野はとやかくいえない。その高値の一部を協会の幹部が懐に入れる。強い代表チームを持っている協会ほど有効な手口だろう。

ビッグイベントの放映権料の売買絡みの贈収賄、W杯のチケットの不正な転売、災害義援金や育成センター建設援助資金の私的流用、幹部子弟の就職斡旋……。こういうのがコソ泥レベルだとしたら、もっと大きなスキームの中に開催地の選定が組み込まれたという報道もある。

ドイツが18年大会の開催地にロシアに1票を投じたのは、ロシアからドイツに天然ガスのパイプラインを通すために必要だったとか……。

完全に「権利ビジネス」になった

そういう話が、まことしやかに流れること自体、W杯というイベントがとてつもなく大きなプロジェクトに位置づけられていることを意味するのだろう。それがW杯にとっていいことなのか、不幸なことなのか。

W杯に限らず、サッカーは大陸連盟ごとにコパ・アメリカのような売り物になるコンテンツがある。そういうものをダシにメディア間の競争につけこんで、表向きは商取引の体を装いつつ、うまい汁を吸おうと思えば、いくらでも吸える部分がある。だからこそ、余計に、スポーツ団体には襟を正すというか、自らを律する力が必要なのだと思っている。

ＦＩＦＡは16年2月の総会でＵＥＦＡの事務局長だったジャンニ・インファンティーノを会長に選出した。新会長は就任にあたり、年俸は１５０万スイスフラン（約1億６５００万円）とするなど透明性を高める努力をしている。

また、アベランジェ、ブラッターと長期政権が続いたことが腐敗を招いたとの反省から、会長と役員の任期を3期12年までとした。少数の理事と理事会に権限が集中した弊も改め、行政機構に当たる事務局の権限を引き上げ、最高機関の総会、戦略立案の評議会との三権分立を目指す改革も断行した。

独裁的な会長が切り盛りする個人商店だったＦＩＦＡが、ようやく近代的な組織に生まれ変わったということなのだろう。が、昔のＦＩＦＡの良さを知る私にすれば、一抹の寂しさも禁じ得ない。新しいＦＩＦＡはテクノクラートやロイヤーの集まりみたいな感じがあって、隙はないものの、かつてのサッカー好きの集まりという魅力は薄れたように思う。

退任の前年、ＦＩＦＡから功労賞（FIFA Order of Merit）をもらった。Ｗ杯南アフリカ大会開幕前のことだ。

功労賞をもらうと、W杯の開会式に終身で招待される。選手としてのキャリアはまったくない私が、あの不世出の名選手にして名監督のヨハン・クライフさんらとともに受賞したのは面はゆいばかりであった。

受賞理由には、

「Junji Ogura is highly respected all around the world for his profound professionalism, his sense of fairness, his deep passion as well as his tireless commitment an outstanding service to the beautiful game.」

とあった。

「小倉純二氏は世界中から尊敬の念を集めている。その深遠なプロフェッショナリズム、公平性に長けた感覚、美しきサッカーにかける熱い想いと弛まぬ献身、傑出した貢献により」

とでも訳せばいいのだろうか。

うれしい反面、スポーツの組織の長なら、そんなのは当たり前のことだろうという思いが私の中にはあった。

第九章　平成サッカー人からの遺言状

平成の終わり。日本代表、アジアカップ準優勝　©渡部薫

2019年アジアカップに思うこと

最後に、これからの日本と、個人的に思い入れのあるアジアのポテンシャルについて述べておこうと思う。

2019(平成31)年1月から2月にかけて、アラブ首長国連邦(UAE)で行われたAFCアジアカップでカタールが初優勝を遂げた。グループリーグでサウジアラビア、ベスト16でイラク、ベスト8で韓国、ベスト4でUAE、そして決勝で日本を下し、全勝優勝したカタールの成長には本当に目を見はらされた。

22年ワールドカップ(W杯)開催国に決まる前後から、この国はオランダ人やスペイン人の指導者や選手を国内に招いて、代表とリーグのレベルアップに努めてきた。特に育成年代の強化に力を注いできた。今回の堂々たる勝ちっぷりは、その成果がついに大人の代表チームにも出てきたということだろう。次期W杯ホスト国の矜持というか、選手からもモチベーションの高さがひしひしと伝わってきたように感じた。

自分たちが持っていた最多優勝記録を5回に伸ばそうとした日本の野望は決勝戦でカタールによって打ち砕かれた。1次リーグから準々決勝サウジアラビア戦までの日本は、粘り強さを武器に1点差で際どく白星を拾い続けた。耐える試合が多かった。それが準決勝のイラン戦はアグレッシブなサッカーを披露して3―0の快勝。最後にカタールに敗れ、ファイナル不敗神話を「4」で止められたのは残念だったが、ピークをしっかりトーナメントの後のほうに持ってくる調整の仕方も含めて実に試合巧者らしかった。これはもう、W杯に6大会連続で出場し、代表選手の大半を欧州各国のリーグに送り出している国の経験値だったと思う。

準優勝でも十分に立派な成績だと思うが、それではファン、サポーターら周りの人たちや選手自身も納得できないのが日本の辛いところであり、良さでもある。今回の悔しさをバネに冨安健洋（シントトロイデン）、堂安律（フローニンゲン）といった五輪世代が20年東京五輪、22年カタールW杯の飛躍につなげてくれたらと思う。

一方、16から24に出場チーム数が増えたこともあるが、ベスト16にベトナム、タイ、キルギスが進出したのも見逃せない。タイはそこで1―2の逆転負けを喫したものの中国を大いに苦しめ、ベトナムはヨルダンにＰＫ戦で競り勝って、ベスト8でも日本と0―1の接戦を演じた。キルギスも開催国ＵＡＥと延長戦にもつれ込む、2―3の熱戦を演じた。

18年のW杯ロシア大会でもドイツが1次リーグで敗れるなどし、各大陸間の力の接近が大いに語られたが、アジア大陸の中でも同じような現象が起きつつあるのは間違いない。4年前のこの大会で決勝を争ったオーストラリア、韓国は揃ってベスト8で敗れた。優勝したカタールにしても、準優勝の日本にしても、大会中の歩みを振り返ると紙一重の勝負が多かった。

追いかける側も差を詰めているわけで、日本もうかうかしていられないが、アジア全体の底上げは、世界に近づくことにもつながるわけだから、諸手を挙げて歓迎すべきことだとも思う。

オーストラリア転籍の意義

サッカーの世界においてアジアは広く、宗教的にも民族的にも価値観も多様で、ひとくくりになかなか語れるものではない。例えば、スポーツの世界でも政治経済の世界でも、本来ならオセアニアという枠の中にいるはずのオーストラリアが、サッカーの世界ではアジアの中にいたりする。普通なら考えられないことだろう。

オーストラリアがアジアに引っ越してきたのは06年W杯ドイツ大会の後のことである。ドイツ大会初戦でわれらがジーコ・ジャパンは、当時はまだオセアニア代表のオーストラリアにこっぴどい逆転負けを喫した。

オーストラリアの転籍には、北中米カリブ海における米国の苛立ちに似た動機がある。オセアニアではニュージーランドと周辺の島国がくっついて、オーストラリアに対抗する形になっていた。域内で最大のパワーがありながら、何かを行使しようとすると、小さな国々にタッグを組まれて数の力で負ける。

また、W杯の出場枠がオセアニアには常に0・5枠しか与えられないことにもオーストラリアは苛立っていた。ライバルはニュージーランドだけという状況でオセアニア地区は比較的楽に突破できても、アジアや南米の代表と最後にプレーオフを戦わされ、アルゼンチンやイランやウルグアイに何度も煮え湯をのまされてきた。最後に南米勢と戦う羽目に陥るのなら、いっそのことアジアに転籍した方がよほど強化になるし、W杯出場のチャンスも広がると考えたのだった。

オーストラリアの独自性は、かねてFIFA内部でも話題になっていた。FIFA総会でオセアニアがまとまって提案したことを、いざ賛否を採ったら、オーストラリアが「反対」に回っていたりすることがあった。これにはブラッター会長（当時）も驚き、私に「オグラ、彼らはどうなっているんだ？」と尋ねてくることもあった。

そういうことが積み重なって、オーストラリアは、あの地域で別格というか特別な感じだということが伝わり、オーストラリアが「転籍したい」と言ってきたら、FIFAが認めてしまったわけである。

ただし、あくまでもアジアサッカー連盟（AFC）が同意したらという条件付きで。オーストラリアを受け入れてもいいと積極的になったのが東南アジアだった。

というのは、東アジアは日本も韓国も中国も北朝鮮もあって、どこもそれなりに強い。西アジアもサウジアラビアやUAEやカタールと、それなりに軸になるチームがある。それに比べて東南アジアはW杯に出られるようなチームがなくなってしまった。1970年代まではタイにしてもマレーシアにしても日本より強かったくらいだが、80年代以降は地盤沈下した。だから、ここらで自分たちの地域に核になるチームが欲しいと考えたようだった。東アジア連盟としてもオーストラリアを受け入れるつもりはあったのだが、より積極的だった東南アジアのほうが引き取ることになったのだった。

オーストラリアも加わったアジアには未来に向けて潜在的な可能性が相当あると思っている。

これからW杯を開催する国は？

今後、アジアでW杯開催の可能性がある国として中国、インド、ASEAN（共催）、オーストラリアと指を折ることができる。ヒト、モノ、カネのすべての面で成長が望める国・地域を抱えたアジアの力を、どう活かしていくか。日本はそこにどういう立ち位置で絡んでいくか。非常に高度で緻密な戦略が求められることになるだろう。

アジアで大会をやると、ピッチ周辺の広告看板は日本の企業だらけという時代があった。「サウジもカネはあるんだから、広告くらい出せよ」とＦＩＦＡ理事だったサウジアラビアのアルダバルに話したことがある。「いくらカネを持っていても、サウジの場合は宣伝する必要がないんだよ。国営の石油会社の名前を出したって何の得にもならないだろう」と切り返されたことがある。確かにそうだ。

しかし、中国やインド、東南アジアで勃興する企業群は石油のような天然資源を扱っているわけではなく、アジアや世界に向けて名前を売りたいと思うところは今後目白押しになるだろう。ひところ、ＡＦＣのテレビ放映権や看板などの広告収入の約70％はジャパンマネーだったと思うのだが、広告看板一つ取っても、今までアジアの中で日本企業だらけだった流れは大きく変わっていくのだろう。

実際、Ｗ杯ロシア大会では中国の４つの企業がＦＩＦＡのスポンサーとして広告活動していた。１９８０年代のＷ杯でキヤノン、富士フイルム、ＪＶＣ、セイコーと存在感を発揮した日本の企業は今やゼロ。そういう意味での「選手交代」は既に始まっている。

老婆心ながら言わせてもらうなら、そういう成長するアジアの発展を食い物にする輩も必ず出てくるだろう。放映権料一つ取っても、アジア各国の放送局から集めたおカネが、そのままＡＦＣに入るのではなく、法外な手数料を仲介業者に取られては、かなりの額が消えていく事例を過去に目の当たりにしてきた。

憤った私は「W杯アジア最終予選の放映権料は、それぞれの協会に帰属させよ」と画策したことがある。しかし、賛成したのは日本と韓国とサウジアラビアの3協会だけ。AFC総会の議題にのせたら大敗した。W杯アジア予選の放映権は最終予選の手前のラウンドまでは各協会に帰属し、協会が自前で放送局と売り買いできるが、最終予選のそれはAFCが一括で管理する。他の協会にしてみれば、AFCがかき集める、この最終予選の放映権料の分配金で財政は潤っている。そこで一番多くの額を出すのは日本や韓国や中東の放送局だから、AFCが一括管理してくれているほうが都合はいいのだった。

AFCはドル箱のW杯アジア最終予選の放映権を各国協会に返す気は今のところない。ただ、長い目で見れば、アジアの経済はこれからどんどん伸びていくだろうし、各国協会も豊かになっていくだろうから、代表戦の放映権を自前で持ちたいという協会は増えていく気がする。日本としては、決して諦めない方がいいと思う。日本代表がこれからも魅力あるチームであることが前提だが、アジアをマーケットにした代表戦ビジネスの可能性は、これからもっと開発の余地があるとにらんでいる。

日本が「孤立」しないために

今、日本では外国人労働者の問題が話題になっているが、サッカーの場合、人材の流通は世間で思われている以上に既に活発だ。

こんな逸話がある。

東日本大震災の影響で、日本は出るはずだった2011年7月のコパ・アメリカ（南米選手権）の欠場を余儀なくされた。その説明とお詫びのためにパラグアイの南米連盟事務局やアルゼンチンの大会組織委員会を行脚したときのこと。私と日本サッカー協会の原博実技術委員長（当時）がブエノスアイレス行きの飛行機に乗る前に、アスンシオンの日本食レストランで食事をしていたら、日本人の青年がつかつかとわれわれのテーブルにやって来た。

「日本協会の方ですよね」

「そうですよ」

すると、その青年は「私はパラグアイのプロリーグでプレーしています。震災の影響でJリーガーを派遣できないからコパ・アメリカの出場を断念するつもりなら、私を日本代表で使ってください」と直談判してきた。

詳しく聞くと、昔は東京ヴェルディで武田修宏たちとプレーしたこともある。その武田もパラグアイに来たが、すぐに帰った。でも自分は残って、現地の人と結婚して子供もいる、だから、いつでもコパ・アメリカに出られる、といった事情を縷々説明された。

私と原君は、話の中身以上に、とにかくその彼の行動力、たくましさに圧倒された。日本では若者が非常に内向きになっている、海外旅行にもあまり行きたがらない、という話を耳にすることもあったから、なおさらそのバイタリティに感心したのだった。

どうも、サッカーには人を駆り立てる不可思議なパワーのようなものがあるようだ。

昭和の時代、サッカー選手が海外でプレーするというのは本当にレアケースだった。奥寺康彦や尾崎加寿夫の例があるくらい。外国の選手が日本リーグでプレーすることは、1960年代のネルソン吉村（吉村大志郎）に始まって、セルジオ越後や与那城ジョージ、ラモス瑠偉ら連綿と続いていたから、完全な輸入超過だった。輸入する選手はほとんどブラジル人だった。

それが平成になって状況は大きく変わった。自動車のF1レースでレーサーの中嶋悟さんが本田技研とともに戦ったりしたことが刺激になったのか、世界の舞台に立って、超一流のライバルと伍して戦うというイメージがあらゆる競技でどんどん広がり、サッカーも例外ではなくなった。

その先駆けが94年のカズ（現東京ヴェルディ↓ジェノア）、98年の中田英寿（現湘南ベルマーレ↓ペルージャ）のセリエA挑戦であった。

海外挑戦の波はどんどん大きくなり、95年の野茂英雄（近鉄）のドジャース入団と彼のその後の成功で、サッカー以上に保守的だったプロ野球でも米大リーグ挑戦が当たり前になった。野茂から「二刀流」で話題の大谷翔平（ロサンゼルス・エンゼルス）まで、日本育ちのメジャーリーガーは既に50人を超えているという。

テニスの錦織圭、ゴルフの松山英樹も世界のツアーを転戦し、男子フィギュアスケートで五輪を連覇した羽生結弦はカナダに拠点を置いて活動している。日本の選手がボーダーレスで活動、活躍するのを見るにつけ、内側（国内リーグや国内ツアーの多国籍化）と外側（日本選手の海外挑戦）の両面で、好むと好まざるとにかかわらず、スポーツのグローバル化はさらに加速していくことだろう。

日本のサッカーは、そういう意味では日本スポーツ界の先頭集団にいるといえるのかもしれない。２０１９年2月1日にＪリーグが発表した数字によると、登録されたＪリーガーは１６２６人で、外国籍選手は33ヵ国１８３人（最多はブラジルの86人、次いで韓国の42人）となっている。もはや外国籍選手のいないリーグなど考えられず、外国籍枠の緩和などのルール変更に伴い、むしろ後者の数字はさらに増えていくのではないだろうか。

日本から外に出ていく選手の数も同様だ。

各国のサッカー協会が発行する移籍証明書というものがある。国内間であれ、国際間であれ、サッカー選手がクラブを移る際には、それぞれのクラブの合意とともに、サッカー協会が発行する移籍証明書を携えなければ、適法とは認められない。日本からドイツに渡るのであれば、日本サッカー協会が発行する移籍証明書がドイツサッカー協会にきちんと届き、日本協会からドイツ協会の登録メンバーに変更されることで移籍は完了する。

日本発、あるいは日本経由の海外移籍（外国籍選手も含む）がどれだけ平成の間に増えたかを、正確な数字で表すのは難しい。プロとアマチュアではまとめ方が違い、各国の協会も草サッカーレベルで興じている外国籍プレーヤーのことまで追跡し把握しているわけではない。

ちなみに、ＦＩＦＡが年に1回まとめる「グローバル トランスファー マーケット リポート」によると、国際間移籍の総数は２０１１年の１万１８８２件から増え続け、17年は１万５６２４件に達した。移籍に関わったクラブの数は３８３１クラブで、最も多いのがブラジルの２５４クラブ。

アジアで最も選手を〝輸入〟したのはインドの１５８件で、２位が日本の１５２件。逆に選手を〝輸出〟したのは中国の１５２件で、日本は2位の１４６件となっている。中国の〝輸出〟の多さは、優秀な中国人選手が数多く海外挑戦しているというよりも、外国人選手の出入りの激しさゆえだろうか。

このＦＩＦＡ公表の数字は、プロのクラブ同士が移籍証明書をきちんとやり取りした上で成立させた移籍の件数と思われる。そういう正式ルートにのっかることなく、日本から、あるいは日本を経由して海外で活動するプレーヤーも相当程度いるというのが私の実感だ。日本がW杯に初出場した1998年当時は100人前後だった海外移籍は、2018年末には6倍、7倍に膨らんでいるという現場の肌感覚がある。

移籍証明書を携えて日本の選手が出ていく先は、数字的にはタイやドイツが多いけれど、欧州やアジアだけでなく、東欧やオセアニア、南米などにも広がっている。

日本でJリーガーになれなかった、あるいはJリーガーだったけれど契約を更新できなかった選手が東南アジアのリーグに行けば、現役を続けられるというのはある。アルビレックス新潟はシンガポール、横浜FCは香港というように、現地でクラブを運営するところもある。日本に比べれば物価も安いから、年俸が低くても生活するには支障がなかったりする。

偉いなと思うのは、そういう選手のほとんどが通訳もつけずに現地でたくましく生きているということ。現地の言葉を覚え、引退後のセカンドキャリアに役立てる選手もいると聞く。

昔のように、大きいクラブから声をかけられた選手だけが日本を飛び出すという時代ではなく、ありとあらゆるレベルの選手が世界中に飛び立つ時代になった。こういうマーケットの変化も昭和の時代にはまったく想像もできないことだった。世界のマーケットに最も多くの選手を輸出している国は間違いなくブラジルだが、ある意味で日本は「アジアにおけるブラジル」のような存在になれるのかもしれない。

吉村大志郎や与那城ジョージ、ラモス瑠偉らはブラジルから日本リーグに来た後、日本のことを気に入ってくれ、国籍取得までして日本サッカーに尽くしてくれた。今後、そういう例をアジアで日本の選手がつくる可能性も感じてしまう。行った先ですごく高く評価された日本の選手が「オマエ、国籍取得しろよ」と誘われるようなケース。そういう選手が国籍取得した先の代表のユニホームを着て、日本代表と戦うような時代が。

選手だけでなく、指導者やレフェリーもそうだ。既にアジアの代表チームの監督を日本人指導者が務める例が出始めている。日本人の勤勉さ、熱心さ、緻密さはアジアで高く評価されているので、日本の育成のノウハウがうまく伝えられたら、アジア全体の発展に貢献できるだろう。

アジアにおいて日本サッカーは非常に興味を持たれている。アジアのあちこちからいろいろな視察団が日本に頻繁にやってきて、育成やマネジメントのノウハウを吸収しようと一生懸命になっている。平成の間に、学ぶ側から学ばれる側になったわけだが、それだけに勘違いして尊大になってはいけないとも思うのである。

アジアのレベルアップに手を貸せば、やがてそうした国々から選手がJリーグにやってくることも普通になるだろう。タイ代表のチャナティップ（北海道コンサドーレ札幌）のように、Ｊリーグで既に活躍する選手はいるが、これからアジアとのパイプはさらに太くなっていくだろう。それはアジアと日本の国際親善に大きく寄与するにちがいない。

日本サッカーの国際化を強烈に後押ししたのが、一つはＪリーグの創設であり、一つはＷ杯の招致に尽きることは、これまで述べたとおりだ。

日本サッカーへの遺言状

「サッカーは世界と戦ってこそ価値がある」

「サッカーは世界とつながってこそ価値がある」

そのことを平成の時代に、とことんアピールすることができた。

Ｗ杯アジア予選がホーム・アンド・アウェーの戦いになって、日本人はアジアの広さと厄介さとサッカーの怖さを知った。93年の「ドーハの悲劇」を経て、アジア最終予選は一部の好事家から国民的な関心事になった。

選手の意識も大きく変わった。テレビ東京が放送した「三菱ダイヤモンドサッカー」以外に、欧州の試合を観ることなどできなかった時代を知る私にすれば、その「ダイヤモンドサッカー」でよく採り上げられていたマンチェスター・ユナイテッドで、プレーする日本人選手（香川真司）が現れるなど夢にも思わなかった。ACミランでプレーした本田圭佑、インテル・ミラノでプレーした長友佑都もしかり。

タイムマシンに乗って、あの1960年代のマンチェスターやミラノに戻り、「50年後、ここでプレーする日本人選手が現れる」と告げても、誰も信じないだろう。そういう夢のような話が現実になった今、この先に何が起きても不思議はないとも思えるのだ。今はまだ「まさか」「それはさすがに無理でしょ」と言われているようなことが。

Jリーグの創設に深く関わりながら、途中から協会の仕事、FIFAの仕事に携わることになり、Jリーグとやや疎遠になった私だが、それでも今もJのことが気になっている。愛着がある。

Jリーグへの提言となると、やはりスタジアムを含めて環境整備をさらに推し進めてもらいたい気持ちが強い。

初代チェアマンの川淵三郎さんもよく言っていることだが、浦和レッズや横浜F・マリノスのような、大きなスタジアムを持っているクラブは、いろいろな面でもっとチャレンジしてもらいたいものだ。Jのリーダーとしてリーグを牽引してほしいと強く願う。レッズやマリノスやFC東京、ガンバ大阪のような大都市を後背地に持つクラブが常時ホームに4万人以上のお客さんを集めることができたら、Jリーグの風景は劇的に変わっていくと思うのだ。

また、世界のビッグクラブと伍して戦える野心的で挑戦的なクラブにも出てきてほしい。豊富な資金力を誇る中国勢、これから台頭してくる東南アジアやインドのクラブに選手の獲得競争で引けを取らないクラブである。そういう意味で三木谷浩史オーナー率いるヴィッセル神戸が元ドイツ代表のポドルスキに続き、元スペイン代表のイニエスタ、ビジャと世界チャンピオンたちを次々にチームに加えていることを高く評価したい。これまでのＪリーグの常識をはるかに越える形を目指してくれるのではないかと注目している。

交通の便でいえば、埼玉スタジアムと横浜の日産スタジアムが鉄道１本で結ばれるという時代になっている。リニアモーターカーや自動運転など移動の手段が想像もつかないような形で進歩したとき、スポーツ観戦にそれがどんな影響を与えるのか非常に気になっている。

Ｊリーグは93年に10クラブで始まった。それが今はＪ１、Ｊ２、Ｊ３の３部制に拡大し、55クラブに増えている。一つの県に一つずつＪリーグを目指すクラブがあるような形が整いつつある。

自治体には「日本サッカーを応援する連盟」も13年11月に結成された。もともとは「ＪＦＡこころのプロジェクト」をきっかけにできたもので、提案者は福井県越前市の奈良俊幸市長だ。「Ｗ杯本大会を盛り上げる自治体首長の応援団をつくり、その盛り上げを地域の活性化に活かしたい」と相談をもちかけられ、私や当時の大仁邦彌会長が賛同してまとまった話。森民夫長岡市長（当時）、清水勇人さいたま市長、田辺信宏静岡市長らが発起人となって賛同者を募ったところ、全国市長会に加盟する812の自治体のうち、275の市区から参加することになった。

こういうやる気のある首長、市区と組んで何ができるのか。地方都市の課題解決にスポーツの力をどう役立てるか。都会のビッグクラブのさらなる飛躍が国際戦略の核だとしたら、地方のクラブは豊かな地域社会のハブになるような位置づけになる。個人的にはそんなイメージを描いている。

バブル経済が真っ盛りのときに構想されたJリーグではあるが、根っこにあるのは、ある意味で地域貢献とか人づくりという地味な哲学だった。その原点を常に忘れないようにしたい。決して私利私欲を追い求めてのJリーグ創設ではなかった。利益だけを追求するのではなくて、素晴らしいプレー、素晴らしい試合が生み出す感動を分かち合えるコミュニティを地域につくりたいということだった。それは英国で私が見た風景そのものでもある（今のイングランドのプレミアリーグは、それを思うとずいぶんと変わったが、それでも根っこにあるものは変わっていないと信じている）。

プレミアリーグのクラブにしても、ドイツ・ブンデスリーガのクラブにしても、やっぱり支えているのは地域のコミュニティだ。おカネ自体は放映権料にしてもスポンサー収入にしてもワールドワイドに集めているが、スタジアムを埋めるのは地元の人々。その熱狂があるからテレビ映えだってする。その順番を忘れて、足元をおろそかにしたら大変なことになるだろう。

欧州の国々は基本、地方分権で、それなりに地方の都市は人口を持ち、独立できるような形になっている。日本の場合、東京に一極集中する構造を変えるのはなかなか難しいが、それならそれで、イギリスのロンドンのように、東京にもっとたくさんのJクラブがあってもおかしくはない。山の手のクラブ、下町のクラブ、郊外のクラブ、色とりどりのクラブがあって、ロンドン・ダービーに匹敵するカードをつくりあげてほしいものだ。

２００５年にＪＦＡが目指すべきものを「宣言」という形にした時は、世界でも前例のない急激な人口減少、高齢化、少子化が日本に起きるとは、あまり考えられていなかった。それが現実のものとして視野に入ってくる状況では、日本サッカーの将来のあり方について、いま一度立ち止まり、じっくり再考しておく必要があると感じる。いついつまでにサッカーファミリーを何百万人にしたいというような数値目標にしても、日本社会の行く末とともに考えないとリアリティを失ってしまうだろう。

人口が少なくて、それゆえに競技人口も少なくて、それなのにＦＩＦＡランキングでベスト10に入っている国というと、ベルギー、クロアチア、ポルトガル、スイス、デンマークがヨーロッパからリストアップされる（2019年2月7日現在）。これらの国々に共通するのはスペインやイングランド、ドイツ、イタリアの各リーグに優秀な選手を供給し、活躍させつつ、W杯やユーロ（欧州選手権）では、自国の代表選手として活動させて、国の名誉に寄与させていることだ。

19年2月時点で27位の日本がFIFAランキングを上げていくには、欧州を代表するリーグのクラブで、どれだけ多くの選手がレギュラーメンバーになれるかどうかにかかっている。それはそのまま日本代表強化の鍵となる。

一方、Jリーグは19年シーズンから外国人枠を広げることになった。登録は無制限で、一度にピッチに立てる選手は3人からJ1では5人に増やす。Jリーグと提携関係にある国の選手は外国人枠にカウントしないことはこれまでと変わらない。

この変更で、明らかに外国人選手が受け入れやすくなることは間違いない。裏返すと、日本の選手はそれだけ出場機会を奪われることになる。そのプラスマイナスは軽々に判断できないが、例えばフランスのように、外国生まれではあるけれど何らかの形で日本にルーツがある選手や、父親か母親のいずれかが日本人という〝ダブル〟の選手らに、将来的には頼ることになる時代が来るような気がしている。世界中で起きている現象について、日本だけは例外、と考えるほうが無理があるように思えるのだ。

日本では今、少子高齢化による労働人口の急減を、外国人労働者の受け入れでカバーする議論が沸騰している。いろいろな人が、それぞれの立場から意見を述べているが、サッカー界にとっても、これは対岸の問題ではない。日本サッカーの未来を左右する話として真剣に、その影響について議論を重ねてほしいと思う。

日本のW杯単独開催はありえるか？

15年のＦＩＦＡ汚職問題を受けて、W杯の開催地は評議会の専権事項ではなく、ＦＩＦＡ総会で、２１１協会の投票で決まることになった。また、遅くとも26年大会（米国、カナダ、メキシコの共催）から、W杯本大会は現行の32から48チームに拡大して行うことが決まっている。現時点で想定されている形式を本当に採用すると、本大会の試合数は64から80に増える。これだけのチームと試合数で単独開催できる国は中国など、ごく一部の大国に限られるだろう。そうなるとW杯は共催や広域開催が常態化していくのではないだろうか。

単独開催では、そもそも、票集めの段階から大変な苦労がいる。どこか支持基盤がないと招致選挙に勝つのは不可能に近い。日本の場合なら、アジア以外にそれは考えにくく、まずは東アジアやアジア代表に選ばれないと「当選」は難しいだろう。

日本は2022年大会の開催地にオーストラリアや韓国、米国などと一緒に立候補してカタールに敗れた。当時、投票権を持つFIFA理事たちに言われたのは「Too soon（2002年にやったばかりで早過ぎる）」ということだった。

また、JFAとJリーグで、協賛していただいた企業からの資金をもとに招致活動した日本とは異なり、カタールは膨大な予算と国を挙げた活動で他を圧倒した。政府保証も大きなポイントで、日本の場合、法制度上、開催決定前に政府がすべてのリスクを負うと書面に記すことはできないこともネックになったのだった（この政府保証の問題は、フル代表のW杯だけでなく、今後はアンダーエージのW杯でも求められる可能性がある。そうなると日本は余計に苦しくなるかもしれない）。

首都である東京に8万人規模のスタジアムがないこと、サッカー専用スタジアムが少ないこともアピール度を弱めた。

もはや、W杯という世界最大のスポーツイベントは、サッカー協会を中心にサッカー好きの人間が寄り集まって、精力的に招致活動を行えば勝てるというようなしろものではない。国として、国のスポーツ振興の一環として、国家的なプロジェクトとして取り組むべきものになっている。特にアジアから名乗りを上げる国々はそういうスタンスを強烈に打ち出してくるのは間違いない。

日本はW杯を招致したことも、開催したこともある。アジアの中でいろいろな経験値は一頭地を抜く存在だ。そういう意味では、これから初めてW杯を開催したいと思うアジアの仲間を手助けできる立場にある。

いろいろな形の連携を図り、共闘しながら、いつの日か、アジアの仲間に推され、世界の仲間からも祝福され、信頼され、2度目のW杯が日本で開催できる日が訪れることを心から願っている（残念ながら私はこの世にいないだろう）。

これまで、平成時代の日本サッカーの進化を自分なりの視点で書き綴ってきた。そして、新たな元号の下でも、日本サッカーがこれまでどおり、いや、これまで以上の発展を遂げてくれるものと信じて疑わない。スポーツを、サッカーを愛する心を持った人間がきっと後に続き、平成の進化を手本に、土台にして、日本サッカーの新たな地平を切り開いてくれるに違いない。そんな思いを後輩たちに託して、筆を擱きたいと思う。

あとがき

誰かが、日本サッカーが、強くなりたいとの夢を持ちながら、もがき苦しんでいた時代を記録しておかなくてはいけないと思い、取り組んだのが、この本です。読んでいただき、現在の状況と比較して、日本のサッカーにも、こんな時代があったのだと思い返していただけるとありがたいのです。

そして、何よりも、私をサッカーの世界に引っ張り込んでくださった川淵三郎さんには、御礼の言いようがありません。おかげで、サッカーを通じて、夢を持ち続けることができたと思っています。

日本サッカー協会の長沼健さんを始めとする諸先輩の方々と仲間たちからは、次から次へと課題を貰い、大変な時期は多かったものの、それをクリアしながら、日本サッカーが成長している実感を持つことができましたのは、幸せであったと感じています。

この本をまとめるに際して、編集者の立場で、アドバイスをくださった戸塚隆さんには、深く感謝しております。また、早く、サッカーの歴史を書いたほうが良いと言ってくださり、ご自身も何冊も日本の歴史に関する本を出している大平裕さんには、ようやく出来ましたと報告したいと思います。

日本サッカーは、これからも、様々な目標に挑戦しながら、進んで行くことになりますが、世界との比較に於いて、皆様の厳しいご批判と温かいご支援が必要と思っております。

現在、5人制の室内サッカーであるフットサルの普及を目指して、Fリーグ（日本フットサルリーグ）のCOO（最高執行責任者）を務めております。大人も子供も取り組みやすいフットサルを楽しんでいただくと共に、世界への挑戦を願って努力したいと思いますので、こちらにも、ご支援をお願い致します。

2019年3月

小倉純二

参考文献

『サッカー依存症』　武智幸徳　日本経済新聞出版社
『最新　サッカー百科大事典』　財団法人日本サッカー協会、日本サッカーライターズ協議会編　大修館書店
『財団法人　日本サッカー協会75年史』　財団法人日本サッカー協会75年史編集委員会編　ベースボール・マガジン社
『ＪＦＡ　ＮＥＷＳ』　財団法人日本サッカー協会
『ワールドカップを読む』　二宮清純　ＫＫベストセラーズ
『２００２年ワールドカップ日本招致活動記録』　２００２年ワールドカップ日本招致委員会
『２００２　ＦＩＦＡワールドカップ大会報告書』　２００２年ワールドカップサッカー大会日本組織委員会
『古河電工サッカー部史』　古河電工サッカー部史刊行委員会編
『100 years of Football』　ＦＩＦＡ
『ＦＩＦＡ　ＭＡＧＡＺＩＮＥ』　ＦＩＦＡ

『FOOTBALL NIPPON』　講談社
『日本サッカーリーグ全史』　「日本サッカーリーグ」編集委員会編
『「J」の履歴書――日本サッカーとともに』　川淵三郎　日本経済新聞出版社
『虹を摑む』　川淵三郎　講談社
『サッカーの国際政治学』　小倉純二　講談社現代新書
『サッカーという至福』　武智幸徳　日本経済新聞社
『日韓ワールドカップの覚書――日本サッカーの未来のために』　川端康生　講談社
『モダンサッカーへの挑戦』　加茂周　講談社
『空っぽのスタジアムからの挑戦――日本サッカーをメジャーにした男たち』　平塚晶人　小学館
『雲を抜けて、太陽へ！――世界へ飛躍する日本サッカーとともに』　岡野俊一郎　東京新聞出版部
『日本は、サッカーの国になれたか。電通の格闘。』　濱口博行　朝日新聞出版
『スポーツマーケティングを学ぶ』　広瀬一郎　創文企画
『中田英寿・洪明甫　TOGETHER』　講談社編　講談社
『W杯ビジネス30年戦争』　田崎健太　新潮社
『日本サッカーリーグ年鑑』（１９７７～１９９２年）　日本サッカーリーグ
『Jリーグ　オフィシャルガイド』（１９９２～１９９６年）　小学館
『J.LEAGUE YEARBOOK』（１９９８～２０１４年）

（順不同）

年表〜日本サッカー平成時代の歩み

1988年（昭和63年） 日本サッカーリーグ（ＪＳＬ）に活性化委員会発足。プロ化に向けて動き出す。

1989年（昭和64・平成元年） 日本サッカー協会（ＪＦＡ）がプロリーグ検討委員会設置。

1990年（平成2年） ＪＦＡがプロリーグ参加条件提示。20団体が興味示す。

1991年（平成3年） ２００２年ワールドカップ日本招致委員会が発足。第１回女子世界選手権（現女子Ｗ杯）に日本も出場する。

1992年（平成4年） 日本代表が広島で行われたアジアカップで初優勝。Ｊリーグヤマザキナビスコカップ（現ＹＢＣルヴァンカップ）スタート。

1993年（平成5年） Ｊリーグが10クラブで開幕。Ｗ杯米国大会アジア最終予選で日本が敗退（ドーハの悲劇）。

1994年（平成6年） 国際サッカー連盟（ＦＩＦＡ）副会長選に日本の村田忠男氏出馬も落選。以後、日本は２連敗。

１９９６年（平成８年） アトランタ五輪予選でU－23（23歳以下）日本代表がメキシコ五輪以来28年ぶりとなる予選突破。２００２年W杯の日本と韓国の共催が決定。アトランタ五輪で日本男子がブラジル破る金星（マイアミの奇跡）。

１９９７年（平成９年） W杯フランス大会アジア最終予選プレーオフで日本がイランを下し初出場決定（ジョホールバルの歓喜）。

１９９８年（平成10年） W杯フランス大会で日本代表がグループリーグ３戦全敗で敗退。

１９９９年（平成11年） ワールドユース（20歳以下、現U－20W杯）ナイジェリア大会で日本が準優勝。Jリーグが J1、J2の２部制に移行。

２０００年（平成12年） シドニー五輪で日本男子がベスト８入り。日本代表がレバノンで行われたアジアカップで２大会ぶりの優勝。

２００１年（平成13年） 日韓共催となったコンフェデレーションズカップで日本が準優勝。

２００２年（平成14年） W杯日韓大会開催。日本代表がグループリーグを突破し、初の16強入り。FIFA理事選で小倉純二が日本人として３人目となる当選。

２００４年（平成16年） アテネ五輪予選でU－22日本代表が３大会連続の予選突破。日本代表が中国で行われたアジアカップで２大会連続、３度目の優勝。

２００５年（平成17年） 日本サッカー協会が２０５０年までのW杯開催・W杯優勝を目指す

とした「JFA2005年宣言」を発表。

2006年（平成18年） W杯ドイツ大会で日本代表がグループリーグ敗退。フットサル日本代表がアジア選手権大会初優勝。

2007年（平成19年） アジアチャンピオンズリーグ（ACL）で浦和レッズが初優勝。北京五輪予選でU－22日本代表が予選突破。

2008年（平成20年） ACLでガンバ大阪が初優勝。日本勢が2年連続の制覇。女子日本代表が東アジア選手権で初優勝。

2009年（平成21年） 日本代表がW杯南アフリカ大会アジア最終予選を突破。4大会連続4度目の出場を決定。

2010年（平成22年） W杯南アフリカ大会で日本代表が2度目の16強入り。女子日本代表が東アジア選手権で2連覇。

2011年（平成23年） 女子W杯ドイツ大会で日本が初優勝。男子はカタールでのアジアカップで2大会ぶり4度目の優勝。

2012年（平成24年） ロンドン五輪で日本女子代表が銀メダル。男子は4位に。女子U－20W杯で日本が3位に。

2013年（平成25年） 男子日本代表がE－1東アジア選手権で初優勝。J3リーグの設立を決定。

２０１４年（平成26年） W杯ブラジル大会で日本代表がグループリーグ敗退。女子U‐17W杯で日本が初優勝。

２０１５年（平成27年） JFA田嶋幸三副会長がFIFA理事に初当選。女子W杯カナダ大会で日本が準優勝。

２０１６年（平成28年） 日本開催のクラブW杯で鹿島アントラーズが準優勝。女子U‐20W杯で日本が3位。

２０１７年（平成29年） 日本代表がW杯ロシア大会予選で6大会連続6度目となる出場を決定。浦和レッズがACLで10年ぶり2度目の優勝。

２０１８年（平成30年） W杯ロシア大会で日本代表が3度目の16強入り。女子U‐20W杯で日本が初優勝。ACLで鹿島アントラーズが初優勝。

２０１９年（平成31年） アラブ首長国連邦（UAE）で行われたアジアカップで日本代表が準優勝。

小倉純二

1938年、東京都生まれ。62年、早稲田大学政治経済学部卒業、古河電工入社。81年から6年間は同社ロンドン駐在員事務所長に就き、日本サッカー協会(JFA)の国際委員としても活躍。帰国後同社サッカー部部長を務めた。88年には日本サッカーリーグ(JSL)第2次活性化委員会委員長としてプロ化を推し進め、Jリーグ発足の礎を築く。その後、日本サッカー協会の国際委員会委員長、同専務理事、同第12代会長、アジアサッカー連盟(AFC)理事、国際サッカー連盟(FIFA)理事、東アジアサッカー連盟(EAFF)会長などを歴任。その間、2002年FIFAワールドカップ日本招致、11年FIFA女子ワールドカップ・ドイツ大会優勝など、日本サッカーの国際化と活躍を牽引した。現在、日本サッカー協会最高顧問。

講談社+α《プラスアルファ》新書 817-1 C

「平成日本《へいせいにほん》サッカー」秘史《ひし》

熱狂と歓喜はこうして生まれた

小倉純二《おぐらじゅんじ》

2019年4月11日第1刷発行

発行者――渡瀬昌彦

発行所――株式会社 講談社

東京都文京区音羽2-12-21 〒112-8001

電話 編集(03)5395-3522

販売(03)5395-4415

業務(03)5395-3615

カバー写真――共同通信社

デザイン――鈴木成一デザイン室

カバー印刷――共同印刷株式会社

印刷――株式会社新藤慶昌堂

製本――株式会社国宝社

定価はカバーに表示してあります。

落丁本・乱丁本は購入書店名を明記のうえ、小社業務あてにお送りください。

送料は小社負担にてお取り替えします。

なお、この本の内容についてのお問い合わせは第一事業局企画部「+α新書」あてにお願いいたします。

Printed in Japan

ISBN978-4-06-515955-2